Urban Industrial Structure Optimization with
Resource Balancing Perspective

资源平衡视角下
城市产业结构优化研究

江晓晗 ◎ 著

中国财经出版传媒集团

经济科学出版社
Economic Science Press

图书在版编目（CIP）数据

资源平衡视角下城市产业结构优化研究/江晓晗著
·—北京：经济科学出版社，2019.8
ISBN 978 - 7 - 5218 - 0919 - 0

Ⅰ.①资…　Ⅱ.①江…　Ⅲ.①城市经济-产业结构优
化-研究-中国　Ⅳ.①F299.2

中国版本图书馆 CIP 数据核字（2019）第 199007 号

责任编辑：顾瑞兰
责任校对：李　建
责任印制：邱　天

资源平衡视角下城市产业结构优化研究

江晓晗　著

经济科学出版社出版、发行　新华书店经销
社址：北京市海淀区阜成路甲 28 号　邮编：100142
总编部电话：010-88191217　发行部电话：010-88191522
网址：www. esp. com. cn
电子邮件：esp@ esp. com. cn
天猫网店：经济科学出版社旗舰店
网址：http：//jjkxcbs. tmall. com
固安华明印业有限公司印装
880×1230　32 开　7 印张　180000 字
2019 年 10 月第 1 版　2019 年 10 月第 1 次印刷
ISBN 978 - 7 - 5218 - 0919 - 0　定价：49.00 元
（图书出现印装问题，本社负责调换。电话：010 - 88191510）
（版权所有　侵权必究　打击盗版　举报热线：010 - 88191661
QQ：2242791300　营销中心电话：010 - 88191537
电子邮箱：dbts@ esp. com. cn）

信阳师范学院旅游管理校级重点学科资助

信阳师范学院青年骨干教师资助计划（2019）

教育部人文社会科学研究项目，19YJCZH082，高铁网络化下区域旅游发展格局演变及空间效应研究

河南省哲学社会科学规划项目，2018CJJ088，高铁网络化下河南省旅游业发展格局演变及优化研究

前　　言

　　经历过去几十年的改革和发展，中国经济已为全世界所关注。但随着国际产业竞争的加剧和国内经济结构性矛盾的突出，能源、资源和生态环境约束日趋强化，对产业结构调整形成了倒逼机制，传统的发展模式面临诸多调整。产业结构作为整个经济结构的基础和核心，产业结构调整的成功与否，关系到一个地区能否转变经济增长方式和实现可持续发展。资源和环境禀赋是决定一个地区经济社会发展的根本条件，城市的可持续发展，要求城市经济结构同城市承载力相适应。在考虑产业结构优化问题时，必须综合考虑城市资源、环境和经济效益的和谐统一，基于对这一问题的深刻认识，本书以中部地区81个城市为实证，在资源平衡视角下，从如何通过优化城市产业结构、寻求产业同城市资源承载力的动态平衡这一角度来讨论和研究产业结构优化问题。

　　本书在前人研究的基础上，运用资源禀赋理论、产业结构理论、资源经济学、区域经济学等主流理论思想以及计量经济学、数理统计、地理学等分析方法，分析了区域经济发展中资源平衡视角下的城市产业结构优化问题。本书的主要研究内容和结论如下。

第1章主要阐述了本书的研究目的、研究背景及意义，以及研究的思路和主要研究内容。并阐述了本书所采用的研究方法和可能的创新点。

第2章主要对本书的相关研究进展和理论基础进行阐述。首先综合评述了产业结构问题、产业结构与资源问题的相关研究，指出产业结构问题的研究应该转向关注产业结构同资源环境之间的相互关系方面。其次对资源的构成和承载力、产业结构优化以及资源平衡的相关理论基础进行了界定和梳理。根据资源的分类方法，并结合相关资源的概念和内涵，将城市资源划分为自然资源、人力资源和社会资源。在明确了城市资源承载力的概念和特征后，进一步对城市资源承载力的系统要素进行了分析，得出了城市资源承载力是一个具有"能力"内涵的综合性概念。城市资源承载力由城市资源要素承载力组成，但并不是资源要素的简单叠加，而是在整个城市系统作用下有机结合的整体。城市资源承载力既包括城市的硬件承载力，如矿产资源、能源、土地资源、水资源、基础设施资源等，还包括城市的软件承载力，如人力资源、信息资源、文化资源、技术资源、教育资源等。同时，结合本书的研究目标对城市资源承载力的结构确定为由土地资源、能源、水资源、基础设施资源、技术资源五个要素所组成的相互协调、相互促进的整体系统。最后对产业结构优化的相关理论基础做阐述，在总结了产业结构优化的相关理论后，对资源平衡的概念做出了界定，并从宏观和微观层面对资源平衡进行阐述。宏观层面考察城市资源的供给和需求结构平衡，微观层面则针对产业结构内部资源的平衡。指出传统的产业结构优化理论对产业结构优化的目标更多的是在经济的增长上，对产业结构同资源、环境的关系考虑较少，忽视了资源、环境和经济效益和谐一体的发展目标，因此存在一定的局限性。进一步明确了资源平衡视角下，城市产业结构优化的目标旨在通过产业结构优化平衡资源有效利用、资源环境保护和经济效益之间的关系，实现资源、环境和经济效益的和谐统一。

第3章主要对资源平衡视角下城市资源承载力对产业结构影响的理论展开研究。由于城市经济是否可以健康持续发展受到城市资源承载力的制约，而城市资源承载力同城市经济发展的关系归根结底是资源配置的问题，因此首先从城市资源承载力同产业结构演进之间的相互作用作为切入点展开分析，得出了资源承载力对产业结构的作用始终贯穿于产业结构演变的整个过程之中，而产业结构的演变同时也对资源承载力具有反作用的结论，将问题引向城市资源承载力对产业结构影响的机理分析上。得出了由于资源的稀缺性以及资源承载力的有限性，当经济规模和产业规模扩大到一定程度时，资源限制会带来生产成本的增加，而生产成本的增加通过社会需求、技术创新、贸易和企业进入等环节对产业结构产生影响的结论，并分别基于这些环节，分析了资源平衡对产业结构的影响机制。其次对城市资源承载力的定量评价方法进行介绍，通过定量分析当前资源承载力，根据城市资源承载力的结构框架，构建了城市资源承载力的评价指标体系，选择了动态因子法作为城市资源承载力定量评价方法，建立起区域城市系统的资源承载力评价模型。

第4章从我国社会、经济、产业发展中的现实问题出发，对城市产业结构优化展开研究。首先分析产业结构优化的影响因素，总结出城市产业结构系统演进及优化的影响因素为供给因素、需求因素和环境因素，认为产业结构的状态是供给因素、需求因素和环境因素共同作用并达到均衡的结果；产业结构优化的整个过程实质上是通过对产业结构调整，不断适应产业结构影响因素变动的过程，并进一步对城市产业结构优化的三个方面的影响因素进行了具体分析。其次就资源平衡对产业结构优化的相互关系进行了分析，得出了资源平衡所带来的资源配置水平的提升同产业结构升级是紧密相连的结论，并进一步分析了资源平衡对产业结构的影响机制。接下来对城市产业结构优化测度的定量模型方法做了介绍，在产业结构优化评价指标体系的构建原则下，从纵向和横向两个角度分别建立指标体系，通过定量的方法构建评价模型。其中，纵向评价通过运用数据包络分析对一定时间内研究区域产业结构的优化程度进行评价和比较，以期明晰研究区域城市产业结构优化的动态演进过程；横向评价通过运用因子分析的方法，对研究区域不同城市之间产业结构发展水平进行对比，并结合纵向和横向的评价结果为产业结构优化提供参考。最后通过对世界上发达经济体的工业化演进路径进行分析，总结出英美模式、日德模式、新兴工业化模式以及现代工业化模式这四种比较具有代表性的工业化模式。通过对这四种工业化模式的演进路径分析，总结出其中的一般性规律和具体的路径，即通过市场调节、政府干预、发展外向型经济及科技创新手段放松影响产业结构优化的需求、供给和环境等影响因素对产业结构的约束，以产业结构的调整适应这些影响因素的变动。在此基础上，构建了本书的产业结构优化模式——多路径优化模式，并提出了具体的建议。

第 5 章以中部地区城市作为实证展开研究。首先对研究区域现状进行分析，明晰中部地区发展状况、资源情况以及产业结构的现状，然后将中部地区产业建设现状同东部沿海地区、环渤海地区进行比较分析。接下来采用城市资源承载力评价的指标体系和动态因子分析的方法，通过实证分析，选取中部地区 81 个城市 11 个指标的 2004～2012 年数据，得到中部地区各城市资源承载力动态得分，并求得中部地区资源承载力的综合得分。2004～2012 年，81 个城市中除个别地区城市综合资源承载力得到改善外，大部分地区承载力水平呈下降趋势。然后采用城市产业结构优化评价的指标体系和方法，对中部地区自改革开放以来的产业结构优化采用数据包络的分析方法，选取了 6 个投入指标、4 个产出指标对中部地区产业结构的相对效率做出评价。结果显示，中部地区 1978～2011 年的产业结构中，有 22 年达到 DEA 有效，1982～1988 年、1992 年、1994 年、1995 年、2009 年、2010 年，这些年份为 DEA 无效，且呈规模报酬递减的趋势，中部地区产业结构的投入产出没有达到最优比例，并对具体年份做出了分析。根据科学性和数据的可得性原则，选取 11 个指标，结合因子分析的方法，以 2012 年中部 81 个城市为实证研究对象，对其产业结构的合理化、高度化以及协调化程度进行比较分析。结果显示，影响中部地区产业结构优化的主要因素是产业效率、产业优势、产业效益、竞争优势和科技因素 5 个方面。在此基础上，对中部地区 81 个城市的产业结构优化程度总体得分以及公共因子得分进行了计算，并对结果进行了分析。最后，为了量化城市产业结构优化对资源承载力的影响，以产业结构优化为自变量、城市综合资源承载力为因变量，运用双变量的空间自相关分析对两者之间的联系进行分析，得出有 40 个城市产业结构优化程度同城市综合资源承载力相关性较强，其余城市产业结构优化程度同城市综合资源承载力有一定关联。

第 6 章主要从中部地区产业结构优化的政策层面和产业结构自身发展层面两个方面阐述了产业结构优化的对策。首先分析了在资源平衡视角下，城市产业结构优化中政府的行为及可能存在的问题，并提出了政策层面的改进建议。其次分别提出了中部地区三次产业结构优化的建议对策。从产业结构自身发展层面来看：第一，立足于各地区资源优势和承载力现状，在环境友好思想的指导下，强化资源的集约利用，大力发展现代农业；第二，把握自身优势，优化第二产业内部结构，实现新型工业化升级；第三，建立完善现代服务体系，大力发展第三产业。

第 7 章是对全书的总结和展望。总结了本书的主要研究结论，并指出了本书存在的不足以及需要进一步研究与探讨的问题。

江晓晗

2019 年 6 月

目　　录

第1章　绪　　论

1.1　研究背景和意义

中国经济发展自 1978 年改革开放以来，成功地实现了从高度集中的计划经济体制到社会主义市场经济体制的伟大历史转折，1978～2017 年，以国内生产总值（GDP）年均 9.5% 的增长率一跃成为世界第二大经济体①，"中国速度"为世人瞩目。然而，经济高速发展的背后，也必然伴随着各方面的困扰和难题。经济结构、资源环境等方面问题凸显，严重影响了我国经济的可持续增长。温家宝总理说过：过去长期以来，中国经济的增长模式是不协调的、不平衡的、低效率的，从而是不可持续的。② 可以说，结构性问题是中国经济进一步发展需要解决的紧迫问题。随着我国推进深化改革的步伐不断加快。中国共产党十八届三中全会于 2013 年 11 月 12 日闭幕，此次"关键性会议"就全面深化改革作出了系统部署，标志着中国新一轮改革大幕正式拉开。

---

① 资料来源：国家统计局。
② 十二届全国人大一次会议政府工作报告。

此次会议指明了中国未来的改革方向、国家的大政方针，对于整个经济的发展走势都将起到至关重要的作用，全会所传递出的信号也将影响着经济的发展和未来的走向，而随着诸多相关政策的实施，国家产业将进入一个深度调整期，无论产业布局、产业结构还是发展模式，都面临着全新的锐变和升级。

经济改革不可避免地带来产业的结构调整，对产业和企业来说，经济改革实际上是一个优胜劣汰的过程，是技术优势和竞争取胜的过程。在全球经济格局深度调整、产业竞争日趋激烈的背景下，我国经济发展的内外部环境正在发生深刻变化。一方面，发达国家在经历金融危机之后，通过推行"再工业化"战略，试图通过技术的提升，实现对制造业的改造和新兴产业的发展，以自身在核心技术和专业服务上的巨大优势企图继续占据全球价值链的高端环节。外部环境的变化所带来的巨大压力对我国提升产业层次，发展先进制造业的战略目标实现造成了冲击。另一方面，发展中的新兴市场国家产业升级的步伐也在加快，在传统的国际市场中，我国还面临着发展中国家低成本优势的竞争。可以说，当前我国面临着发达国家抢占战略制高点和发展中国家抢占传统市场的双重压力。[①] 就我国经济社会现实来看，经济发展中的结构性矛盾依然突出，过去传统的、高投入、高消耗、高排放的粗放型发展方式还没有根本转变，尤其是近年来国内劳动力、土地、燃料动力等生产要素价格的不断上升，能源资源和生态环境对经济发展的约束日趋强化，对产业结构调整形成了倒逼机制。产业结构作为整个经济结构的基础和核心，产业结构调整的成功与否，关系到一个地区能否转变经济增长方式和实现可持续

---

① 苗圩. 优化产业结构是加快转变经济发展方式的重点任务 [N]. 经济日报，2012 – 11 – 21 (006).

发展。产业结构问题不仅关系着我国当前稳增长、促转型的发展目标的顺利实现，长远来看，还关系着我国经济的可持续发展和全面建成小康社会这一宏大目标的实现。

党中央和国务院一直把推进产业结构优化升级作为工作的一个重点，在国家"十二五"规划中明确指出，要深入贯彻节约资源和保护环境的基本国策，在优化结构、提高效益和降低消耗的基础上，实现经济的平稳快速发展。"十二五"期间，国家致力于产业结构的调整和实现全社会的节能减排，通过产业结构优化，提升我国产业的比较优势，发展结构优化、技术先进、清洁安全、附加值高、吸纳就业能力强的现代产业体系。这是党中央和国务院根据国际产业格局的新变化，在科学地分析我国经济发展的新阶段、新特征的基础上，提出的一项重大的战略任务。

产业结构的调整优化关系到我国经济发展方式的转变、减少资源能源消耗、实现长期可持续发展的目标。根据产业升级的相关理论，产业升级是产业组织在市场竞争推动下产品创新、技术创新、工艺创新、商业模式创新后的必然产物。产业组织的内部资源是市场竞争的基础，而产业组织的外部资源支撑整个产业组织的运行和发展，同时也是产业组织内部资源的源泉。产业组织内外部资源的互动关系，构成了产业升级的动力机制。因此，在考虑产业结构优化问题时，必须要对产业结构优化的动力机制进行研究。

资源和环境禀赋是决定一个地区经济社会发展的根本条件，区域社会经济结构必须同区域自身的资源承载力相适应，区域经济发展必须从传统外延式的资源消耗转变为资源内涵式增长，方能实现区域经济可持续发展的目标。中部地区在我国的经济发展战略格局中具有特殊的地位：一方面，中部地区在地理区位上处于连接我国东部和西部的桥梁地位，在我国东部发达地区产业梯度转移过程中发挥着重要的承接作用；另一方面，中部地区丰富的资源禀赋和雄厚的产业基础也使中部地区在我国区域发展过程中扮演着举足轻重的角色。

2013年3月，国务院通过了《全国老工业基地调整改造规划（2013—2022年）》，规划中明确提出，到2022年，全国老工业基地将基本形成现代产业体系和良性发展机制，为建设产业竞争力强、功能完善、生态良好、和谐发展的现代化城市奠定坚实基础。在此次规划涉及的120个老工业城市中，有40个城市（市辖区）位于中部地区，其中地级城市共34个。可以看出，我国中部地区在很长一段时期里，始终处于工业基础雄厚、发展条件较好、产业规模大、产业地位重要的位置，同时，中部地区拥有高等院校的数量在全国省份中名列前茅，科技创新潜力巨大，另外，中部地区自然资源丰富，这些都是过去成为老工业基地所依赖的基础性优势。在过去的10年里，中部地区经济持续高速发展，平均增长速度保持在15%以上。然而，中部地区这些城市产业发展与改革面临老工业基地普遍存在的突出矛盾和问题：从产业角度来看，产业层次低，发展方式粗放，原材料和初级产品产值占工业总产值的比重过大；从资源角度来看，资源利用效率低，资源消耗量大，总体能耗强度高于全国平均水平；从环境角度来看，生产污染物排放强度大，环境问题突出，生态环境面临巨大的压力。这些矛盾和问题，严重制约着中部地区加快转变发展方式的步伐，必须引起各方面高度的重视，通过采取强有力的措施加以解决；必须准确把握新形势新特点，通过对中部地区城市产业体系的调整改造，解决制约中部地区转变发展方式的瓶颈。本书正是基于以上背景，从产业结构调整优化的角度，尤其是在资源约束下，区域产业通过内部结构优化寻求与资源承载力动态平衡这一角度来讨论和研究区域经济的发展问题。

1.2 研究思路和研究内容

1.2.1 研究思路

本书研究的技术路线如图 1-1 所示。

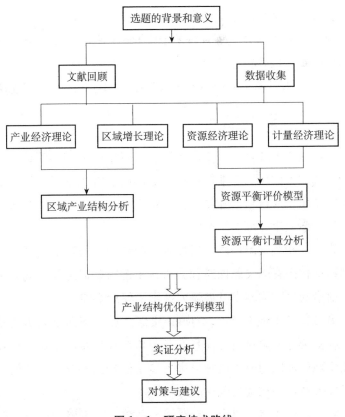

图 1-1 研究技术路线

（1）根据产业经济理论、区域增长理论、资源经济理论、计量经济理论，建立理论分析的基本框架，对相关概念和理论进行界定梳理。

（2）通过对资源承载力现状评价，建立资源平衡的计量评价模型，明确区域资源承载状态，作为进行产业结构优化调整的决策依据。

（3）对区域产业结构的现状进行分析，包括经济概况、产业结构状况等，并结合区域资源平衡评价结果，分析区域产业结构优化的总体目标和产业结构优化的一般方式。

（4）通过对选定区域进行基于资源平衡视角下的区域产业结构优化研究，展开实证分析。

（5）提出资源平衡视角下区域产业结构优化的对策和建议。

1.2.2　研究内容

本书基于产业经济、资源经济、区域增长的相关理论，旨在研究资源约束同区域产业结构调整之间的相互关系，从资源供需平衡的视角，对区域产业结构优化提出思路和方法。主要研究内容包括以下六个方面。

第一，相关文献回顾。通过对产业结构、资源平衡视角下产业结构优化问题的文献回顾和分析，了解这些研究领域的基本理论、前沿成果，为本书开展研究提供了理论基础。

第二，基本理论梳理。对城市资源、城市资源承载力的系统要素和框架等概念进行了诠释，并对传统产业结构理论、产业结构优化理论加以回顾和梳理，进一步了解理论和方法的内涵，指出了传统产业结构优化理论的局限性。

第三，基本概念界定。在对城市资源、城市产业结构等问题进行分析的基础上，分别从宏观和微观层面对资源平衡做出界定，并提出了资源平衡视角下的产业结构优化的具体内涵。

第四，测度模型与定量方法的建立。运用资源学、产业经济学、计量学等理论方法，提出城市资源承载力和城市产业结构优化的测度模型和方法。具体解决两个问题：一是运用动态因子分析方法对城市资源承载力进行评价，以掌握城市资源承载力变动及现状；二是分别运用数据包络分析模型和因子分析模型对城市产业结构优化进行纵向（产业结构优化的动态演进）和横向（产业结构优化差异）的测度，并结合纵向和横向的测度结果为资源平衡视角下城市产业结构的优化提供参考。

第五，实证研究。以中部地区 81 个城市为例对其进行实证研究，从统计学的角度对中部地区产业发展水平进行分析探讨，从城市资源承载力和产业结构优化两个方面对中部各城市进行测度，并对测度结果进行了分析。

第六，政策建议。基于中部地区城市产业结构优化研究，从政策层面和产业层面提出了资源平衡视角下中部城市产业结构优化的政策建议。

1.3 研究方法

在研究方法上，本书主要运用产业经济学、资源经济学、区域经济学、计量学、地理学等相关理论方法，通过实证进行基于资源平衡的区域产业结构优化研究，试图为区域产业结构优化提供新的解释。具体采用以下方法。

1.3.1 学科交叉的方法

资源问题与产业结构问题涉及多学科的综合运用，具体来说，本书将涉及产业经济学、资源经济学、区域经济学、计量学、地理学等多学科交叉的研究方法。

1.3.2 动态分析和静态分析相结合的方法

本书主要针对在资源约束下如何通过城市产业结构优化以实现资源平衡的目标。所涉及的城市产业结构调整优化本身就是一个动态的过程，无论是理论分析还是实证分析，都必须在动态的过程中进行考察，这样才能科学地把握城市产业结构调整优化的趋势。因此，本书无论是在理论分析还是实证分析中，都注重采用动态分析和静态分析结合的方法。

1.3.3 定性和定量相结合的方法

在对城市的资源平衡与产业结构进行分析和研究的过程中，客观描述其资源承载状态和产业结构优化趋势特征时，需要进行定量的分析，否则难以描述把握资源承载状态和产业结构优化的趋势规律。在判断城市资源承载和产业结构调整的相互影响和作用时，需要进行定性分析，否则就无从判断。通过定性和定量方法相互结合使用，力求取得比较好的效果。

1.3.4 比较分析的方法

本书对资源问题下产业发展的现状进行梳理，并对考虑资源问题的产业发展经验进行横向比较分析，通过借鉴产业发展同资源问题协调发展的经验和启示，找到符合研究城市的产业结构优化路径。

1.3.5 相关分析法

对城市产业结构调整优化研究，不仅研究产业系统内部各产业之间的关系，同时还综合考察产业结构同资源约束、区域空间结构之间的相关性。

1.4　主要创新点

本书主要创新点体现在以下两个方面。

第一，在资源平衡的视角下进行产业结构调整优化，并以中部地区为实证就这一问题展开研究。

第二，提出系统的运用资源学、产业经济学以及计量模型测度城市资源承载力和城市产业结构优化程度的方法，解决现实中在资源承载力和产业结构优化测度中存在的难题。

第2章 研究进展与理论基础

　　纵观人类资源观发展和演进的历史，大致可以划分为三个阶段。第一个阶段人们对资源问题的主流观点具有明显的人本位特征，认为资源是"取之不尽、用之不竭"的，人作为自然的主宰，对资源拥有绝对的开发权利。人本位的资源无限史观的实践鼓励了人们开拓进取，推动了自然科学的迅速发展，也促进了哲学、社会科学的相继发展，为整个现代文明发展奠定了基石，但由于忽略了资源的整体性、稀缺性、有限性等特征，以致人类活动对资源、环境造成了破坏，并最终带来严重的危害。第二个阶段人口、资源、环境与发展问题逐步为人们所重视，人们对待资源问题的认识开始由人本位的资源无限史观向"资源有限论"和"资源保护"转变。在这一时期，以石油为代表的不可再生资源供应的极限为人们所认识，资源的合理利用与有效保护的重要性开始引起了人们的重视。人们在这一时期围绕着资源的无限与有限，资源的利用与保护之间的论证，带来了当前在全世界范围内达成共识的以资源的可持续利用为核心的"可持续发展"思想。在可持续发展思想的引导下，当代社会对资源问题的认识开始进入第三个阶段，即"可持续利用"的阶段。资源可持续利用的思想在学术界以及政治界开始登场，并逐渐成为人类当代发展观的主流。在这一阶段，主要以可持续发展的思想为核心，将经济社会发展同资源、环境等问题有机地结合起来，树立起资源、环境与发展相互协调的观念。资源观念由"资源经济时代"转变为"可持续发展时代"，为人类正视和解决资源、发展等问题以及21世纪全球可持续发展战略的实施奠定了良好坚实的理论和实践基础。

　　资源是一个内涵丰富且不断变化的概念，在早期人们对资源的定义通常局限在土地、矿藏等狭窄的方面，随着社会发展和技术进步，资源这一概念的内涵被大大扩宽了，新的资源观要求运用系统的、辩证的、层次的、发展的、价值的、动态平衡的、开放的及法制的观念对资源系统进行分析，力求最大程度上发挥资源的效能。因此，新的资源观对资源的一般定义是：资源是指在一定的区域内拥有的物力、财力、人力等各种物质要素的总称。资源这一定义既包括我们通常意义上所指的自然资源，又把人为的因素视为资源的另一不可或缺的来源。在新的资源观中，资源的来源及组成既涵盖了我们通常意义上所讲的自然资源，同时还涵盖了人类社会中的人口、劳动力、经济、技术等因素。资源既广泛地存在于自然界和人类社会中，是一种自然存在物，如土地资源、水资源、矿产资源、煤炭石油资源等，同时也包括人类经济社会活动中可以创造物质财富且具有一定量的积累的客观存在，如人力资源、信息资源、文化资源、技术资源、教育资源等。资源具备以下特征：一是有限性，一方面无论何种资源，在数量上都是有限的，另一方面资源的可替代性是有限的；二是整体性，各种资源之间是相互依存相互制约的，资源生态系统是一个完整的整体；三是地域性，在一定的时空分布上，资源存在明显的地域性；四是多用性，资源具备多种用途和功能，在对某种资源进行利用的时候，应当充分地考虑地区配置和综合利用问题。

2.1 研究进展

2.1.1 产业结构问题的研究现状

产业结构问题一直比较受经济学家的关注，目前，国内对于产业结构问题研究的深度与广度在不断扩展，主要集中在三个领域：一是针对产业结构的特点和分类的研究；二是产业结构的发展和理论研究；三是产业结构优化研究。

在产业结构特点和分类领域，江世银（2003）从我国区域经济发展的特点入手，从我国区域产业结构的历史演变中分析了我国区域产业结构发展过程中比较突出的特征。他认为区域产业结构趋同是我国区域产业结构变化的突出特征；区域产业过度竞争，集中度低；区域产业结构在其发展过程中具有明显的非均衡特点；区域产业结构具有第二产业主导型的产业结构特征[1]。李大山（1998）认为，由于不同的区域之间自然条件和要素禀赋不同所形成的区域比较优势差异，产生了地域分工，从而使各种产业在不同区域具有不同的分布。因此，区域产业结构各有重点，各具特色[2]。黄寰（2006）根据产业经济学的概念界定，结合区域经济的特征，认为区域产业结构主要具有较强的非均衡性、一定的综合性、较高的开放度、变动的系统性等特点[3]。

国内外诸多学者对产业结构发展和理论以及产业结构优化做了比较详细的研究。徐传谌、谢地（2007）在《产业经济学》中对产业结构演进理论做了较为详细的总结，同时运用这些理论分析总结出了产业结构演进的一般规律。① 郑元同（2005）分析了区域产业结构演进的机理，他认为产业结构是在一定的发展时期和条件下区域各种经济组织进行组合的结果。随着时间的推移，其结构的功能、规模、等级等在不可逆的时间序列中从低级向高级不断演进。他认为生产力是产业演进的原动力；市场是产业演进的导向；资源是产业演进的基础；效益是产业演进的目标；政府干预是产业演进的有效调控手段[4]。张平（2005）对我国区域产业结构演进的特征进行了分析，他认为中国区域产业结构演进呈第二产业主导型，受制于二元经济结构，空间轨迹成东西走向，中国区域产业结构在政府的主导下趋向同构[5]。总之，目前对区域产业结构演进的研究主要基于产业结构演进理论，对区域产业结构演进的一般规律；区域产业结构演进的影响因素；区域产业结构演进过程中呈现出的问题及区域内产业结构演进对策研究。

在产业结构优化研究方面，徐传堪、谢地（2007）认为，产业结构优化是指通过产业调整，使各产业协调发展，产业总体发展水平不断提高的过程[6]。从定义看，产业结构优化包括两个层次的内容：一是要求各产业之间由不协调逐渐走向协调的过程，我们称之为产业结构合理化；二是产业结构由低层次向高层次演进的过程，我们称之为高度化。侯景新、张志军（1998）认为，我国区域产业结构优化的难点是：信号机制失效、利益机制残缺、流动机制不健全。并对当时我国区域产业结构优化的时机进行了详细的分析，提出了区域产业结构优化的构想[7]。姜爱林、包纪祥（1999）认为，区域产业结构优化的依据是：战略目标的改变与产业结构的优化相统一；发展目标的改变与产业结构改变

---

① 徐传堪，谢地. 产业经济学［M］. 北京：科学出版社，2007.

相统一；发展方向与结构优化相统一；封闭型转向开放型[8]。同时他们认为，产业结构调整一般是在主导产业确定之后进行。由于产业具有多层次性，所以对任一层次的产业结构可以根据客观需要进行调整。调整方法有三种，即产业构成调整、产业发展顺序调整和产业间比例关系调整。方辉振（2002）认为，我国产业结构的调整面临着五大障碍：需求障碍、技术障碍、人力障碍、体制障碍和利益障碍[9]。任旺兵（1999）从以下几点提出了我国产业结构调整的对策：在产业国际化进程中加快具有特色的地区产业聚集；建立牵引地区经济发展的大、中城市圈；确立具有特色的地方行政体系；加强产业结构调整和培育的立法工作；加快中西部地区结构调整的步伐；加快向市场经济新体制的转换，推动地区产业结构的自发调整[10]。

近年来，我国产业发展领域最高质量的学术研究呈现出以下特征：一是问题设定的动态化，即在关注"最优"产业结构和产业发展目标的同时，将研究重点更多地转向如何实现从产业发展的当前状态向理想状态的转变；二是在研究方法方面更加规范化，经验研究所依赖的数据和资料的可靠性较以前明显提高，最新的统计和计量工具被越来越多、越来越快地应用到我国产业发展问题的研究中；三是研究群体的国际化，随着中国经济对世界经济的影响与日俱增，越来越多的国外学者开始关注中国产业发展问题，并试图通过挖掘中国经济发展过程中的典型事实来进一步拓展主流经济学的视野。

20世纪90年代初期，最早借鉴西方成熟的产业结构分析方法对我国产业结构问题进行实证分析的学者主要关注的问题是经济增长过程中产业结构调整的作用和产业结构调整的一般规律。90年代中期以后，我国的产业结构问题研究进入了最为活跃的时期，当时讨论的重点集中在产业结构调整的动力和产业结构调整的所有制基础等问题上。21 世纪的前几年，随着加入世界贸易组织和贸易条件的深刻变化，开放条件下的产业结构调整升级问题受到国内学者的空前关注。近几年，我国产业结构研究表现出高度多元化的特征，总体上看，研究重点集中在产业结构调整的方向、资源和环境约束下的工业结构调整、外商直接投资和产业转移对产业结构的影响、资源与环境约束下的产业结构调整、区域产业结构调整、产业结构调整过程中的产能过剩、金融危机背景下的产业结构调整，以及未来我国产业结构调整的机制和政策等问题。

2.1.2　引入资源问题的产业结构问题研究进展

随着产业结构相关研究的深入，当前，针对产业结构问题研究的深度与广度也在不断扩展。同时，经济高速发展产生的大量资源消耗和资源短缺的问题日益凸显，更多的学者在研究产业结构优化问题的时候开始关注资源问题。赫尔曼·戴利（2001）认为，人类的发展要依托资源，他主张在尽可能降低生产过程中的资源消耗的同时，大力发展资源利用率高且环境污染少的产业，以对产业结构进行优化[11]。米勒和布莱尔（1985）借由投入产出法分析了行业中能源资源的使用量及各种污染物的排放量，进而探讨了产业发展状况，并得出产业结构调整优化的对策建议[12]。赫尔曼·戴利（2001）考虑到资源的稀缺性和不均衡性等特点，认为产业部门的发展应以自身的资源优势为依托，充分利用有限的资源，将它们投放到经济效益更高、资源消耗更少、环境污染更小的产业中，使资源得到有效配置[11]。

产业结构与资源的研究课题在我国的开展相对较晚，而且绝大多数研究成果都是针对具体区域的实证分析。研究主要集中在三个方面：一是产业结构优化与资源消耗；二是产业结构调整与环境污染；三是产业结构调整与可持续发展。

路正南（1999）通过建立各产业产值占国内生产总值的比重与能源消费量之间的时间序列回归模型，证实分析产业结构变化直接影响能源需求和改变能源消费结构[13]。伊春华、顺培亮（2003）利用灰色关联分析的方法，对能源消费与产业结构进行了关联分析，得出了各产业与能源消费之间的时间序列模型，实证分析产业结构变动对能源消费的影响，并给出了 2001 年后的能源消费增长率低于经济增长率的原因[14]。张郁、邓伟（2006）根据国家统计局 1997 年投入表部门分类科目，结合吉林省主导产业的实际情况将 40 个部门合并成 18 个部门，建立了吉林省1997 年 18 行业水资源投入产出表，并据此分析为吉林省产业结构规划提出了相应的建议[15]。

周景博（1999）对北京市产业结构现状及其对环境的影响进行分析，他认为北京第一产业对环境质量的影响主要表现在林业的薄弱，畜牧业、秸秆利用和农药化肥的使用上；第二产业对环境的影响主要体现在工业对环境的影响上；第三产业对环境影响较小[16]。王海建（1999）利用投入产出技术给出一类经济结构变动对环境污染物排放的影响分析模型，着重分析了各产业部门生产技术变动、最终需求变动及收入变动对环境污染物排放量的影响[17]。陈楷根、曾从盛、陈加兵（2003）建立了基于资源环境考虑的产业结构综合评价模型，并运用这一模型对福州市的工业内部结构进行分析[18]。赵雪雁、周健、王录仓（2005）以黑河流域为研究区，通过建立生态环境质量及产业结构效益指标体系，对黑河流域上、中、下游的生态环境和产业结构效益做出综合评价，并对二者的耦合关系进行定量辨识[19]。赵海霞、曲福田、诸培新（2006）对江苏省工业化进程中的环境效应进行实证分析，认为工业结构与布局是现阶段影响环境污染的重要变量，重污染行业结构是环境效应的主要影响因素[20]。刘文新、张平宇、马延吉（2007）以资源型城市鞍山为例，从产业结构演变的角度，研究产业结构与环境质量的动态变化特征，研究表明，产业结构演变的环境效应显著，不同类型的产业对不同污染物的环境影响不同[21]。

王辅信、张立存、胡国强等（1998）在《中国各地区投入产出分析与产业结构变化研究》课题中，主张把控制人口、节约资源、保护环境放到重要位置，优化产业结构，转变经济增长方式，使人口增长与社会生产力的发展相适应，使经济建设与资源环境相协调，实现良性循环[22]。朱德明（1998）通过对江苏省和全国的实证比较分析，认为产业结构失衡是引致环境问题的重要原因，迫切需要把产业结构调整作为可持续发展战略的一个重点[23]。裴建峰、葛新权（1998）运用多目标线性规划方法建立了中国可持续发展的产业结构模型，并利用该模型对 1992 年中国产业结构模型进行了实证分析[24]。姜照华、刘泽渊（1999）根据可持续发展的 4 个基本要求，即经济效益的提高、充分就业、资源节约和环境改善，建立起产业结构的 Lagrange 函数及优化模型求解方法[25]。刘惠（2001）计算广东产业结构的转变系数、专业化程度，从而度量可持续发展对产业结构的依赖程度[26]。潘文卿（2002）以中国经济社会可持续发展为背景，提出一个经济增长与产业结构调整的优化模型，并以此为基础，对中国在 21 世纪前 20 年的长期发展中，经济增长、就业变化、污染控制以及产业结构的转变与调整的互动关系进行了模拟与展望[27]。马小明、张立勋、戴大军（2002）提出了基于投入产出分析的产业结构环境影响评价方法，并在云南省玉溪市红塔区进行了实证研究[28]。结果表明，环境经济静态投入产出模型能够较好地预测产业结构调整引起的污染物排放变化及资源消耗变化，因此，产业结构的调整是减小对环境系统压力的有效途径。王德发、沅大成、王海霞（2005）利用 2002 年上海投入产出数据，对 2002 年上海工业部门的能源消耗及其对环境的污染状况进行了核算与分析[29]，研究了上海市的资源、环境与经济的综合平衡关系，分析了上海市经济发展过程中各经济部门对环境所造成的损害的影响因素，为上海市进行可持续发展宏观决策和产业结构调整提供依据。王维军（2005）应用关联分析方法找出可持续发展能力与经济产业结构之间的关联关系，从而分析可持续发展能力对经济结构调整的要求[30]。叶茂林、林峰、葛新权（2006）在《可持续发展与产业结构调整》一书中研究了可持续发展思想指导下的产业结构战略调整问题，并且全面分析了可持续发展产业结构的人才、教育、科技、技术创新、增长方式以及可持续发展产业结构战略[31]。

2.1.3　资源平衡视角下产业结构优化问题研究进展

通过对产业结构优化的相关文献的整理，可以看到，资源问题在产业结构优化研究中的关注程度日益受到学者们的重视，但是，在此类研究中，研究较多的是产业结构理论对资源的影响、产业结构与经济增长关系对资源的影响，将资源作为约束条件，来探讨产业结构优化实现资源平衡的研究是比较少的，尤其是产业结构与资源的相互作用与影响等问题还没有受到足够的重视。目前，在产业结构优化的判定问题上，理论界未能形成一致的标准。在有些研究中，认为产业结构的完整性、独立性、产业发展速度的均衡性和产业结构的协调性反映了产业结构的合理化；也有研究以产业是否得以发挥比较优势、产业结构比例是否协调、产业结构是否完整、产业结构的自我调节能力以及经济效益等方面作为判定产业结构优化的标准；还有研究以资源的合理利用、产业之间协调、社会需求的实现以及对国际分工的利用程度作为判定标准[32]。传统产业结构优化研究中，关于产业结构优化合理性的判定大多基于产业结构自身标准出发，而对资源承载力对经济活动的约束方面尤其是产业结构同资源承载力的相互影响机制等问题关注不够，缺乏产业结构同资源承载力之间的关联性和如何协调发展的研究。

王丽娟、陈兴鹏（2003）认为，从生产角度讲，产业结构是一个"资源配置器"；从环境保护的角度讲，产业结构是环境资源的消耗和污染物产业的质和量的"控制体"[33]。王均奇、施国庆（2006）认为，传统的产业结构将资源按照社会的需求进行转换并实现价值扩张，以产业资本有机构成和技术含量为主导，以各产业构成比例、产业梯次转换为主框架，改进区域内不同产业部门之间的生产联系和比例关系，实现产业结构的高度化这一思路忽略了产业结构的生态内核，造成资源环境的制约，导致不能持续发展[34]。张晓东、池天河（2000）以北京怀柔为实证，基于区域资源环境容量进行区域产业结构的合理性评价，认为保持资源的供需平衡与不超出资源环境承载力是产业结构优化的必要条件，资源环境与经济效益的协调关系是区域经济发展的基础[35]。吴丹、吴凤平（2009）根据水资源环境综合承载力进行区域经济结构调整以及布局产业结构，构建了基于水资源环境综合承载力的区域产业结构优化模型，结合实证分析实现了水资源环境综合承载力和产业结构之间的双向优化[36]。

2.1.4　综合述评

新时期，我国产业发展的现实问题是：一方面，资源短缺但其价格却不反映稀缺性，导致了各区域产业缺乏自主创新的动力和压力；另一方面，激励了资源高消耗和环境污染。这种产业模式能够支持中国经济强劲增长的一个主要原因是资源价格没有反映其稀缺性。各区域间由于低资源价格支撑的垂直型产业分工格局，既弱化了发达地区产业升级和自主创新的动力，还将资源富集地区的经济固化在资源型产业上并抑制了这些地区的发展。这种模式是不可持续的。政府有必要通过政策和战略来推动产业结构升级和产业的区域转移，但不能直接强制，而应该充分发挥市场机制的作用，进行制度创新和资源产权改革。通过让资源价格充分反映其稀缺性来诱导产业升级和各产业的区域间转移，提升各区域产业自主创新能力和核心竞争力，实现减少资源消耗和可持续发展的长远目标。

资源平衡研究涉及资源组合的形式、过程、内容与结果及其之间的关系，资源平衡是资源组合概念的另外一种延伸。资源组合形式是多种多样的，因为产业组织资源本身并不是静态的，而是动态的，可以进行不同组合、转移与转换，这就构成了产业升级的动力机制。完全相同类型、数量、质量的资源，在不同的资源组合中的表现完全不一样，产业升级的模式、路径和效果也会不一样。通过对前人研究的整理可以看出，产业结构问题的研究已经不仅仅是在研究产业结构对经济增长的问题，更应该转向产业结构同资源环境之间的相互关系。经济的发展必须在环境的可承受范围内，产业结构的调整不能超出资源环境的约束。

2.2　城市资源和资源承载力

2.2.1　城市资源

城市作为人类活动的主要场所，是工业化进程的结果，同时城市化也为产业的发展提供了资源基础和支撑平台。资源概念是一个发展的问题，同时涉及经济、社会、法律、政治、生态、科学技术等多个领域。在对资源进行分类时，通常可以从资源存在的形态、可被利用的情况、资源的分布与相对位置等进行分类。城市作为先进生产力的空间存在形式，是一个集聚了各种资源并且实现资源之间相互关联、相互转换的资源系统。在理论界针对城市资源外延的研究中，由于研究视角的不同存在不同的分类方法。

社会资源学者一般按照资源属性，将城市资源划分为城市自然资源和城市社会资源两大类。① 按照社会资源学的划分，城市自然资源主要包括：城市的气候资源、水资源、土地资源、矿产资源和地表生物资源等。城市社会资源主要包括：物质形象、人文形象、城市价值理念、制度资源、先发优势和区位资源、政策资源等。按照资源学的观点，在不同的社会发展阶段，人们对城市资源的认知存在着很大的差异，不同类型的城市资源的地位和作用也是不一样的。城市发展的初期阶段，人们对城市资源的开发和利用更多地侧重于自然资源，随着城市社会和经济的进一步发展，自然资源的稀缺性以及资源的流动使得自然禀赋型城市发展模式逐步被资源竞争型城市发展模式所取代，城市对资源的开发利用开始由侧重于有形的自然资源转向无形的社会资源。

城市经济学者则认为，城市的形成和发展必须先有一定的物质基础，影响城市化进程和城市发展水平的关键性因素是城市对外部资源的集聚能力。城市经济学认为，在各种经济活动中，人口的集中以及各种基础设施的出现造就了城市，城市的发展也有其外在的推动力，吸引着资源、资本、资金和劳动力向城市集聚[39]。而按照城市资源的功能来分析不同资源在城市发展中的地

---

① 彭补拙，濮励杰，等. 资源学导论 [M]. 南京：东南大学出版社，2007.

位和作用，又将城市资源划分为城市空间、产业基础、城市人口、城市基础设施、城市环境、科学技术水平和政府创新能力 7 大类[40]。

综合不同视角下对城市资源的界定和划分，同时根据本书的主要研究对象，按照资源的分类方法，并结合相关资源的概念和内涵，本书将城市资源划分为自然资源、人力资源和社会资源。

自然资源是城市发展的基础性资源，同时，由于自然资源的相对性、可替代性、稀缺性等特点，对城市产业发展也具有一定的约束。根据产业组织理论，资源的约束性是促进城市产业结构产生调整和变动的重要驱动因素。根据自然资源的相对性和可替代性等特点，城市内自然资源可以承载的经济社会能力又是可变的，在技术进步和城市管理水平提升之后，城市自然资源的可利用潜力也会随之得到提升。

人力资源的技能和生产知识的存量决定了社会经济技术的进步。人口的文化、年龄以及职业的结构是判断城市人力资源特征的主要指标。文化结构代表了教育等方面的投资所带来的人力资本的存量及规模，人力资本的差异决定了人力资源的劳动能力的差异性。年龄结构中劳动年龄人口所占的比重反映了城市就业水平和劳动力资源的利用程度。

社会资源是能提供并足以转化为具体服务内涵，有利于经济生产和使用价值提高的其他客体。如果说自然资源是城市硬性资源，社会资源则是软实力的体现。城市的社会资源不仅代表了城市的实力，同时对其他资源要素有集聚效应，在改善投资环境和吸引人力资源方面有举足轻重的地位。

在经济学中，资源的概念是不同于地理资源的经济资源，经济资源的概念更多的是从经济学研究的角度去理解，通过对社会有限的资源进行合理配置，以期产生最大的社会效益。城市产业结构问题所研究的资源应当具备三个方面的基本特征：一是资源必须是城市中生产或者消费所需要的资源，也就是说，城市资源必须对城市经济生活有用；二是资源必须是稀缺有限的，资源的需求和资源存量存在差距，并非取之不尽用之不竭；三是资源应当具有多种用途，稀缺而有用的东西如果只具备单一的用途，是不能作为经济资源来看待的。根据这三个方面的基本特征，可以认为，城市资源是指一切直接或者间接地为城市延续和发展所需并构成生产要素、稀缺的、具有一定开发和利用选择性的资源。在城市资源的分类中，自然资源是城市中各类资源形式的物质基础或终极来源，人力资源是城市资源的核心动力，社会资源是城市在集聚资源要素方面的关键能力。

2.2.2　城市资源承载力及特征

资源承载力是指一个国家或地区资源的数量和质量对该空间内人口的基本生存和发展的支撑力。承载力一词起源于物理力学，指的是物体在不产生任何破坏时所能承受的最大负荷[41,42]。在人们研究区域系统时，借用这一概念来描述区域系统对外部环境变化的最大承受能力。目前，承载力这一概念随着研究的深入，发展成为现在水资源、土地资源、资源、环境承载能力，成为描述发展限制最常用的概念。自 20 世纪 80 年代以来，在可持续发展理念的指导下，随着城市化进程中的城市化问题的日益加重，人们开始深入理解城市化问题，城市资源承载力问题引起关注，即人类活动如何使城市的人居环境系统实现可持续发展这一问题成为广泛关注的热点。城市资源承载力是指一个城市在可以预见的期间内，利用本地自然资源和其他条件，保证在符合其社会物质生活水平条件下所能持续供养的人类社会活动数量。城市资源承载力主要包括"要素承载力"和"综合承载力"两个方面，要素承载力具有"阈值"的概念，如果承载力超过此阈值将导致环境严重甚至不可逆转的破坏，则不可持续发展；综合承载力具有"能力"内涵，是指在城市不产生任何破坏时所能承受的最大负荷，即城市的资源禀赋、生态环境和基础设施对人口经济社会活动的承载能力[43]。城市资源承载力的主要要素是指与城市经济活动密切相关的土地承载力、水资源承载力、交通承载力和环境承载力等。这些要素的承载力长期以来一直是城市发展规模的硬性约束，因此，静态意义上的城市资源承载力指的是特定时空范围内，在确保资源合理开发利用和生态环境良性循环发展的条件下，作为城市发展基础的资源能够承载的人口数量及相应的经济和社会总量的能力。城市的资源承载力构成了城市发展的硬约束，一个城市能够容纳多大的经济规模，取决于该城市资源的承载能力。

结合承载力理论的概念和内涵，城市资源承载力主要有以下特征。

一是客观性，即在一定的时间和空间范围内，以及一定的社会经济状况下，城市资源承载力是固定的，具有客观性的特征。

二是整体性，城市资源承载力是由城市资源禀赋、生态环境以及基础设施等要素相互作用而形成一个系统的整体。城市资源承载力既不是由各个要素叠加而成，也不是由任何一种要素承载力所代表，而是一个综合了各要素承载能力的系统的整体。各个要素承载力虽然具有"阈值"，但最终各部分通过相互转化与补充，同人类经济、社会达到一种平衡，实现城市不产生任何破坏时所承受的最大负荷。

三是有限性，城市资源承载力是特定的时空范围内存在最大承载上限，具有界的特征，其原因主要是资源量上的有限性及经济技术水平、生态环境的约束。在一个选定的城市范围内，无论是其自身还是从外地流入的资源量是有限的，同时，在一定的经济技术条件下，资源利用效率也是有限的，以及生态环境容量也是有限的。

四是动态性，动态性是指城市资源承载力同城市的发展阶段有直接联系，城市在不同的发展阶段，对资源的开发利用方式和手段不同，资源对人口社会经济发展的约束不尽相同，城市资源承载力也不相同。城市资源承载力是一个动态的概念，人对资源的能动性是不断变化的，同时，也通过对社会经济结构调整来适应资源形势，承载力的主体（资源系统）和客体（社会经济系统）都是动态变化的。

五是可控性，城市资源承载力一方面受制于城市资源禀赋，另一方面在很大程度上受人类活动所影响。可以通过对资源要素的配置调整，从而使城市资源承载力按照预期目标产生变动。

2.2.3 城市资源承载力的系统要素及结构框架

联合国教科文组织对资源承载力的概念界定为："一个国家或地区的资源承载力是指在可以预见到的期间内，利用本地能源及其自然资源和智力、技术等条件，在保证符合其社会文化准则的物质生活水平条件下，该国家或地区能持续供养的人口数量。"[44]我国学者罗亚蒙（2006）认为，城市资源承载力包括两方面的内容：一是战略意义上的城市承载力，包括城市的地理基础承载能力，如水和土地等最基本的承载能力；二是技术层面的城市承载力，包括城市的功能、城市的发展动向[45]。陈丙欣、叶裕民（2008）认为，城市资源承载力是指城市的生态环境、资源禀赋、公共服务和基础设施对经济社会活动及城市人口的承载能力。城市资源承载力扩展了原来资源环境承载力的概念，即整个城市能承担多少就业，能容纳多少人口，能提供什么水平的生活质量等[46]。它是社会承载力、环境承载力、资源承载力和经济承载力的有机结合体。

结合资源承载力的概念和特征以及前人对城市资源承载力的研究可以得到，城市资源承载力是一个具有"能力"内涵的综合性概念。城市资源承载力由城市资源要素承载力组成，但并不是资源要素的简单叠加，而是在整个城市系统作用下有机结合的整体。城市资源承载力既包括城市的硬件承载力，如矿产资源、能源、土地资源、水资源、基础设施资源等资源承载力，还应当包括城市的软件承载力，如人力资源、信息资源、文化资源、技术资源、教育资源等[47]。硬件和软件承载力是城市资源承载力的载体，城市社会、经济活动是城市资源承载力的承载对象。城市的要素和资源通过产业转化为城市内经济社会活动所需要的产品和服务，产业在城市中扮演了城市要素和资源的转化器角色，是城市要素和资源的聚集源。城市硬件承载力和软件承载力通过产业结合在一起。因此，结合本书所针对的产业发展同资源承载相协调的研究目标，对城市资源承载力做出如下定义：城市资源承载力是指城市的各种资源，包括硬件资源和软件资源，在不受到任何破坏性影响的条件下对城市中各种社会、经济活动的承载能力。进而将城市资源承载力的结构确定为由土地资源、能源、水资源、基础设施资源、技术资源五个要素所组成的相互协调、相互促进的新的整体系统。

2.2.3.1 土地承载力

土地资源是城市社会经济活动不可缺少的载体，土地资源承载力的承载对象不仅是城市人口，还包括城市内各种社会经济活动，如城市建设规模、经济规模和城市质量等。一个城市土地总量上的有限性决定了一定时期城市所能承载的人类各种活动的规模和强度[48]。城市土地的稀缺有限性对城市发展产生促进或者制约作用；土地资源的利用结构直接影响着城市经济结构和城市功能结构；土地资源的市场化运作给城市发展带来更多的资金，是城市发展的动力；土地资源的利用也直接影响着城市内产业的外部集聚效益[49]。土地生产条件、土地生产力以及城市人口生活水平等方面不同，土地承载的限度也不相同[50]。

土地承载力在我国的突出问题表现在土地承载力矛盾突出、土地供求矛盾突出、土地利用率低下和土地利用强度大。

我国国土面积虽然仅次于俄罗斯和加拿大，拥有全世界第三大国土面积，但是土地的质量不高。有研究表明，我国土地不适合人类居住和农业生产的地区占总面积的52%，较不适宜人类生存和居住的地区占29%，而其余那些适宜人类生存和居住地区也是我国城镇用地同耕地矛盾最突出的地区。在供需上，根据预测，未来10~15年，随着我国人口增加带来的粮食需求，基本农田保有量至少需要16亿亩。而我国目前正处在工业化和城市化高速发展时期，伴随着工业化和城市化的推进，城镇人口和城市化用地规模都将大幅提升，这也对土地承载力提出了严峻的挑战[51]。与此同时，我国城市土地还存在利用率低下的问题，城市土地对人口和社会经济活动的承载水平低，以我国城市人口密度较高的上海为例，人口密度上虽然超过东京和首尔，仅次于巴黎，但土地的经济产出水平仅为东京的7%，首尔的27%，巴黎的24%。另外，土地利用强度大，我国城市非农业人口人均建设用地面积仅70平方米，远低于国际上人均建设用地面积水平，随着城市化的发展，越来越多的人口进入城市，城市内经济社会活动规模的扩大给城市带来了诸多问题，给城市土地承载带来了巨大的压力。

2.2.3.2 能源承载力

能源是现代城市社会经济活动赖以生存和发展的物质基础，

驱动着整个城市的运转[52]。人类的各种社会经济活动离不开能源和能源技术的使用，可以说，没有能源的供给，城市内的各种社会经济活动难以为继，发展程度越高的城市，对能源的依赖性就越强。随着新型能源出现、能源利用技术的运用带来的能源利用效率的提升，能源承载力也随之得到提升。城市作为人类社会经济活动最集中的区域，也是能源消耗强度最大的区域，城市作为一种高能级、高集聚的经济，在工业化和城市化的驱动下，对能源的需求也将大幅度持续增长。

能源承载力在我国主要存在以下突出问题：由于我国人口众多，人均能源不足是我国的长期国情，而随着消费的急剧增长，能源短缺将是众多城市发展所共同面临的难题。目前，我国人均能源消费量仅为世界平均水平的1/2，随着工业化、城市化速度的加快，城市居民整体生活形态在短期内发生质的变化，对能源的需求将大幅增加。而从我国能源储量上来看，除煤炭基本可以保证社会经济发展所需外，石油和天然气均依赖进口，长期来看，未来石油对外依存度还将进一步加深，出现更大的供需缺口。而基本满足社会经济发展所需的煤炭资源，一方面产地同生产力布局不匹配，多集中分布在远离我国经济中心的山西、内蒙古、新疆等地；另一方面从城市可持续发展的角度来看，煤炭作为高污染物能源在一次能源消费中的比例也不适宜提高。核能等新兴能源，受资金和技术的制约，短期内对能源供应的贡献不大。这些因素造成了我国供给紧张的矛盾[53]。在能源供给的突出矛盾之外，由于长期以来粗放型的经济增长方式，导致了能源利用效率低下，单位 GDP 的能耗质量和效率都不高，如果继续保持这种高能耗的粗放经济增长方式，必然会进一步加重能源的短缺，引发能源危机。近年来，部分城市出现的拉闸限电、天然气供应紧张的现象，以及能源价格的持续攀升等都是由于能源问题日益突出，城市能源承载力接近极限所导致的。能源问题的解决，根本还在于对能源的有效使用。对能源利用方式不同的城市，能源承载力是不同的，在能源供给总量难以大幅提高的情况下，改善能源利用方式，是提升能源承载力的有效途径。

2.2.3.3　水资源承载力

水资源是人类赖以生存的必不可少的重要物质，是维持城市生态系统功能和支撑城市社会经济系统发展不可替代的基础性的自然资源和战略资源。水资源所具有的复杂概念内涵，主要表现在不同的用途对其量和质均有不同的要求，其所包含的"量"和"质"在一定的条件下可以改变，更为重要的是，水资源的开发利用受经济技术、社会和环境条件的制约。水资源承载力是指在一定的发展阶段，在可以预见的社会生产力和智力、技术、经济条件下，在维护城市生态环境良性发展、保障城市可持续发展的前提下，城市水资源系统对城市社会经济发展的支持能力[54]。水资源是城市生产和生活的载体，在历史上，城市的诞生往往是在临近水源地的区域形成，没有水源的支撑，也就没有城市的兴起，更谈不上城市承载力。

我国城市水资源承载力的问题主要集中在水资源紧缺、水资源污染严重和水资源利用粗放等方面。

我国是一个干旱缺水的国家。人均淡水资源仅2 300立方米，只占世界平均水平的1/4，是全世界13个人均水资源最贫乏的国家之一。而且其中还包括难以利用的洪水径流和分布在偏远地区的地下水资源。在20世纪末，全国600多个城市中就已经有400多个城市存在供水不足问题，其中严重缺水城市达110个。水资源承载力在地域上存在明显的南北差异，南方城市水资源承载力高于北方城市。有研究指出，在我国几大城市群中，京津冀城市群、中原城市群以及长三角城市群水资源承载力均处于危机状态[55]。全国以地下水为供水水源的城市多数处于局部超采，在水资源紧缺的同时，还面临着水资源污染日益严重的问题。由于城市规模的扩大，产业的发展尤其是工业生产排污，导致江河等地表水资源受到工业废水及城市生活污水的污染。而地下水资源污染问题同样严峻，有监测数据显示，多数城市地下水受到一定程度的点状和面状污染，而且呈现出逐年加重的趋势。在水资源的运输过程中，采用明渠的方式以及过去陈旧输出管道的使用，也存在着污染的隐患，使水资源的可利用程度进一步降低。日益严重的水污染问题进一步加剧了水资源短缺的矛盾，造成了水资源承载力的下降。在水资源的开发利用方式上，长期以来，人们多重视开发新水源，忽略节水，水资源利用方式单一，管理粗放。农业生产中灌溉用水多采用漫灌的方式，导致了水资源大量渗漏和无效蒸发，工业生产中单位产值耗水量居高不下，污水处理成本巨大。所有这些问题，都给城市水资源承载力带来巨大的压力。

2.2.3.4 设施承载力

设施承载力是指在一定时期、一定状态或条件下，城市内外交通和公用设施等承载城市人口社会活动与经济活动所需物质、信息、资金以及人才等要素流动的能力[56]。在一定的社会经济背景下，城市设施的承载能力是有限的。城市设施作为城市社会经济活动的基础与纽带，同城市内外部的资源、产品、资金、信息、人才的流动密切相关。城市设施的有效利用，是设施承载力发挥的关键。城市设施承载力具有较强的动态性，随着城市进行科学规划、增加基础设施和公用设施的投资、提升城市管理水平，城市的各种设施得到完善，运输系统日益完备，先进的信息传输系统及通信网络的覆盖面日益扩大，城市设施得到有效的利用，城市设施承载力也不断增强。城市交通系统是城市设施中至关重要的组成部分，是城市中人口、产业集聚的基础，交通系统出现的问题，不仅影响了城市设施承载力，也导致了城市综合功能和效益的下降，甚至会引发城市社会经济发展同整个城市资源承载力系统的尖锐矛盾。

我国城市设施承载力中主要存在以下问题[57]：首先，城市交通日趋紧张。随着经济和社会的发展，城市交通建设速度同机动车增长速度不匹配。据资料显示，我国大中城市道路总长仅 25 万千米，公路发展水平总体上处于滞后阶段，却需要支撑近 70% 的社会经济运行。其次，公路运输业总体上有效供给不足。全国公路网络和运输站场的总体数量和结构还不能满足运输发展需要，全国城市中，万人公交拥有量约 80% 的城市不达标。公路运输的车辆、组织和经营结构不合理，营运车辆空驶率高、能耗高、运输效率和服务水平低。公路运输的管理和经营水平、信息化建设仍然有待进一步提高和加强。最后，交通拥堵激增。随着国民经济的发展、城市机动化进程的推进，目前我国越是经济发达的城市，城市交通拥堵问题越严重，市区道路交通堵塞路段增多、堵塞区域扩大、出行效率低、路网应变能力差，一旦发生事故则容易出现大面积瘫痪，严重影响了城市内各种要素的流动。而在近几年频发的自然灾害来临时，城市基础设施暴露出的城市基础设施标准低、应急能力差、承载能力弱的问题，给城市设施承载力带来了严峻的挑战。

2.2.3.5　科技承载力

科学技术在城市发展的历史进程中扮演着非常重要的角色，是城市发展进步的重要手段，随着新的科学技术被运用于城市资源承载力的其他要素中，城市承载力得以成倍地提升。在过去的承载力研究中，科学技术在承载力演进中的重要推进性已经引起了学者的关注。在城市范围内，一个城市发展和持续发展的平衡点是人类的发展活动达到城市承载力的阈值，而实现这种平衡，就需要通过科学技术的发展，推动城市资源的重新配置和合理配置，科技承载力即在一定的时空条件下，城市科技能够发展并融合于其他资源要素而产生的能力[58]。如土地资源的空间规划和利用技术、替代能源的开发和利用技术、节水技术以及城市设施完善技术的发展所带来的城市资源承载力的提升。纵观世界上的发达城市，无一例外地具备领先的科技和教育优势，没有一个地区可以不通过谋求科学技术的发展去促进经济社会的发展。

2.3 产业结构优化

2.3.1 产业和产业结构

关于产业的内涵在经济学中有不同的阐述。马克思主义政治经济学将产业表述为从事物质性产品生产的行业，这一概念曾在很长一段时期内为人们所普遍接受。① 直到 20 世纪 50 年代以后，随着服务业和各种非生产性产业的迅速发展，产业的内涵发生了变化，欧美国家主流的产业经济学对产业作出了新的阐述，认为产业是指生产同类产品（或服务）及其可替代品（或服务）的企业群在同一市场上相互关系的集合，产业内涵由"生产部门"转变成为"市场"。这个概念所界定的产业内部部门是不断变化的，随着技术的进步，具有替代关系的商品不断出现，原先处在不同市场的部门会演化成为同一产业的竞争关系。现代产业的内容已经由物质生产部门，扩展至围绕着共同商品、利益相互联系、具备不同分工的各个相关业态。产业有广义和狭义之分，广义的产

---

① 张雷声．马克思主义政治经济学［M］．北京：中国人民大学出版社，2003.

业指国民经济的各行各业，涵盖了国民经济中从生产到流通、服务以至文化、教育，大到部门，小到行业。由于工业在产业发展中的特殊地位，狭义的产业指工业部门。在产业经济学中所研究的产业是广义的产业。

产业结构是指国民经济各产业部门之间以及各产业部门内部的劳动力、资金、各种自然资源与物质资料的配置及其相互制约的方式，产业结构反映了一个国家或者地区经济发展的水平、发达程度以及经济内在的活力和潜力[59]。要研究一定区域的产业结构问题，要先明确产业分类，目前，世界上普遍采用的产业分类方法是三次产业结构分类法，这种分类方法是根据社会生产活动历史发展顺序对产业结构进行划分，产品直接取自自然界的部门称为第一产业，对取自自然的初级产品进行再加工的部门称为第二产业，为生产和消费提供流通及服务的部门称为第三产业。

2.3.2　基于三次产业的产业结构理论

2.3.2.1　配第—克拉克定理

配第—克拉克定理是经济发展过程中产业结构变化的经验性学说。配第在其著作《政治算术》中首次描述了不同产业部门间相对收入的差异以及这种差异所带来的劳动力在部门间的转移。配第根据当时英国的实际情况明确指出：工业比农业、商业比工业的利润多，因此劳动力必然由农转工，而后再由工转商[60]。克拉克在此基础上，运用三次产业分类法，计量和比较了不同收入水平下，就业人口在三次产业中分布结构的变动趋势后认为，随着经济的不断发展，社会劳动结构将发生巨大的变化，全社会人均国民收入不断增加，劳动力将从第一产业转移至第二产业，从而使第二产业得到快速发展并占据主导地位；当经济进一步发展，全社会人均国民收入大大提高，劳动力大部分转移至第三产业[61]。克拉克认为他的结论是对配第思想的继承，因此，人们把克拉克的发现称为配第—克拉克定理。配第—克拉克定理揭示了经济发展中劳动力在三次产业中分布结构的演变规律，是产业结构理论研究的基础。

2.3.2.2　库兹涅茨结构性增长理论

库兹涅茨在继承了配第和克拉克的研究成果的基础上，通过运用大量历史统计资料，对百年来世界主要国家经济增长的基本过程进行了分析和描述。通过综合考察百年来世界主要国家经济增长过程中产业结构、消费结构、收入分配结构和社会结构的变化指出：经济增长的过程中伴随着产业结构的变化，农业等初级产业部门在经济增长过程中，在国民经济中的比重趋于下降，工业部门的比重趋于上升，服务业比重总的趋势是上升，但很不稳定[62]。结构性增长理论的主要结论是经济的增长过程中伴随着产业结构的变化，经济增长带来的消费结构的变化以及收入分配结构的变化形成了产业结构变动趋势，科技进步是经济增长的动力和源泉，经济增长的关键是制度结构的变革。

2.3.2.3　钱纳里工业化阶段理论

钱纳里通过对经济长期发展过程中制造业内部各个产业部门地位的变动进行观察，对制造业内部结构转换的原因展开了研究，得出了各个产业部门之间存在着产业关联效应的结论。在此基础上，通过利用第二次世界大战后主要发展中国家作为实证展开研究，以其中的9个准工业化国家和地区1960~1980年的数据建立了多国模型，利用回归方程建立了GDP市场占有率模型，提出了标准产业结构。并且进一步将不发达经济到成熟工业经济的整个变化过程划分为三个阶段六个时期，从任何一个发展阶段向更高阶段的转变都是通过产业结构转化来推动的[63]，为了解制造业内部的结构变动趋势奠定了基础。

2.3.2.4　霍夫曼比例

霍曼夫通过利用 20 多个国家的时间序列数据，提出了解释一个国家或地区工业化进程中工业结构演变的规律。他认为，在整个工业中，资本资料工业的比重相对消费资料工业的比重而言呈上升趋势，并提出了著名的霍夫曼比例（H'）＝消费资料工业净产值／资本资料工业净产值。霍夫曼比例的核心思想就是在整个工业化进程中霍夫曼比率呈不断下降的趋势。并以此为依据划分出四个工业化阶段：在工业化初期，在制造业中占据主导地位的是消费资料工业，资本资料工业的生产则不发达，在这一阶段，霍夫曼比例为 5（±1）；在工业化中期，资本资料工业快速发展，资本资料工业在发展速度上比消费资料工业快，但在规模上仍未超过消费资料工业，这时，霍夫曼比例为 2.5（±1）；在工业化加速阶段，资本资料工业进一步发展，资本资料工业和消费资料工业的规模相差无几，霍夫曼比例是 1（±0.5）；在工业化后期，资本资料工业持续发展直至规模超过了消费资料工业的规模[64]。它阐明了随着人类社会的不断演进、经济的不断发展，产业结构的演进趋势是由第二产业占据主导地位向第三产业占据主导地位的趋势演变的。需要注意的是，霍夫曼对工业化进程中经济结构变化的研究，是在国民经济中只存在农业和工业两个生产部门的理论框架下进行的，因此，他将资本品工业在工业中的比重提升并居于主导地位。

2.3.3　产业结构优化理论

通常意义上的产业结构优化是指根据国民经济自身所拥有的资源要素禀赋、科学技术水平以及所处的经济发展阶段等，以对经济体系中产业结构的调整为手段来实现经济效益最大化目标的过程。由这一定义可以看出，产业结构优化是一个相对的概念，不代表产业结构的绝对高低。在产业结构优化理论中，产业结构优化的过程就是指国家或者地方政府通过运用相关的产业政策作为手段，通过产业政策调整，改变影响产业结构变化的供给结构和需求结构，实现资源的优化配置与再配置，以此推动产业结构向合理化和高度化的方向发展，并最终实现经济的持续快速增长[65]。具体来说，产业结构优化是产业之间的经济技术联系包括数量比例关系由不协调走向协调的合理化过程，是产业结构由低层次不断向高层次演进的高度化过程。产业结构合理化和产业结构高度化是产业结构优化的两个主要方面，产业结构优化的过程就是推动产业结构合理化和高度化发展的过程[66]。因此，产业结构优化是一个动态的过程，是产业结构趋于合理和不断升级的过程。在一个国家或者一个地区的经济发展不同阶段，在不同的区域，产业结构优化有着不同的内容，但这并不代表产业结构优化是一个无法把握的概念，实现产业结构合理化和产业结构高级化是其研究目标，产业结构优化的研究内容包括产业结构优化的目标、产业结构优化的对象、产业结构优化的措施或手段、产业结构优化的政策等。产业结构优化的目标就是要实现产业结构的高度化和合理化，最终实现经济的持续快速增长。从产业结构优化的对象角度来说，主要包括供给结构的优化、需求结构的优化、国际贸易结构的优化、国际投资结构的优化。产业结构优化通过四步实现国民经济的持续快速增长：第一步是通过调整影响产业结构的决定因素，即供给结构和需求结构，也就是调整投入结构和产出结构，从而改变产业结构；第二步是产业结构得到优化，实现产业结构优化的高度化和合理化两方面的内容；第三步是产业结构效应发挥作用，通过产业结构优化对经济增长产生积极的作用；第四步是国民经济在产业结构效应的积极作用下取得比正常增长速度快得多的增长[67]。

2.3.3.1　产业结构合理化

产业结构合理化是产业结构优化的主要内容，是指在产业发展过程中，根据需求结构的变化，通过协调生产要素在各产业部门之间的比例构成，促进各种生产要素的有效利用，从而为高质量的经济增长打下基础。产业结构合理化的本质是实现产业结构与资源供给结构、技术结构、需求结构的相适应。目前，学术界对产业结构合理化存在着不同的见解，从多种角度对产业结构的合理化做出了定义。归纳起来，产业结构合理化的定义大致有结构协调论、结构功能论、结构动态均衡论和资源配置论四类。

结构协调论认为"协调即合理，合理即协调"，把产业间"协调"作为产业结构合理化的中心内容[68]。协调即指产业之间具有较强的互补和转换能力，涉及产业间各种关系的协调：包括产业间技术水平和劳动生产率的产业素质协调，以及各产业间是否形成了有序的排列组合的产业地位协调，还包括产业之间是否相互服务和相互促进的联系方式协调以及供给和需求在结构和数量上的协调。

结构功能论着重强调的是产业结构的功能，从产业结构功能的强弱角度出发，对产业结构合理化进行评判。此类观点把产业结构合理化定义为各产业之间的聚合质量，认为产业结构合理化是产业之间协调能力和关联水平不断提高，取得较好的结构效益的动态过程[69]。

结构动态均衡论重视产业素质与结构的均衡性，从动态的角度考察产业结构合理化。主要观点是产业与产业之间协商能力的加强和关联水平的提高是一个动态的过程，产业结构合理化就是要促进产业结构的动态均衡和产业素质的提高[70]。

资源配置论从资源在产业间的配置结构及利用的角度考察产

业结构合理化，强调产业结构对经济系统中输入的各种生产要素转换成不同产出的能力，合理的产业结构可以在一定的经济发展阶段上，根据消费需求和资源条件，使资源在产业之间合理配置、有效利用[71]。

这四类观点都是在强调产业之间关联水平的提高和协调能力的增强，认为产业结构的合理化，要根据自身的资源禀赋和技术条件以及所处的经济发展阶段，对不合理的产业结构进行优化，使资源在产业之间合理配置利用，从而产生最大的效益。

目前，对于产业结构合理化的标准也有不同的看法。要对产业结构合理化进行评判，首先要选取具有可比性的参照系，同时按照产业结构合理化的核心思想，产业结构合理化的评判要遵循以下原则：资源可以得到充分利用，产业中各部门协调发展，最大限度地满足最终需求，能够充分地吸收和转换先进的技术成果等。概括起来，对产业结构合理化的定量评判主要从标准结构比较、各产业间关联和协调程度、是否最大限度地满足最终需求这几方面展开。

2.3.3.2　产业结构高度化

产业结构高度化是指在一定的经济发展阶段，根据社会生产力发展水平，产业总体发展水平不断提高的过程，或者说，产业结构由低水平状态向高水平状态演变的过程，是一个相对的、动态的概念。产业结构的高度化是根据某区域一定的经济发展阶段和社会生产力水平而言的，产业结构的高度化具有明显的顺序性：一是产业结构的发展是顺着由第一产业占优势向第二产业、第三产业占优势的方向发展；二是由以劳动密集型产业为重心向资本密集型和技术密集型产业为重心的技术集约化趋势递进；三是由低附加值向高附加值的方向演进；四是顺着由以加工程度比较低浅的产业为重心向加工程度高深的产业为重心的高加工化方向演进[72]。

产业高度化一般来说包括以下几个方面的内容[73]：从产业素质看，各产业部门广泛引用新技术，产出能力和效率得到不断提升，不适应经济发展阶段的旧产业被淘汰，满足经济发展阶段需求的新兴产业随之兴起和壮大，实现产业结构的升级换代。

从结构演进方向看，体现在产业结构按照产业结果高度化的顺序演进，产业结构从第一产业占优势演变为以第二产业、第三产业占优势的方向发展；由劳动密集型产业为重心向资本密集型和技术密集型产业为重心的技术集约化方向发展；以生产附加值低、加工程度浅的初级产品的产业为主向以附加值高、加工程度高深的高级复杂产品为主的方向发展。

从结构开放度看，产业结构不再是固步自封地维持已有的均衡发展，而是不断提高产业结构的开放度，通过技术引进、国际投资和贸易等方式实现产业系统与其他区域的物质能量交换，提高产业系统对外部环境的适应性，提升整体竞争力。

2.3.3.3　产业结构协调化

产业结构协调化是指各种经济要素在各个产业之间进行合理配置并且能使产业之间具有相互转换能力和互补关系的和谐运动[74]。产业结构协调发展既意味着产业结构本身的协调和优化，也意味着区域之间在产业发展上合理的分工。

产业结构协调化主要包括以下几个方面的内容：一是产业之间相对地位的协调，产业结构应当具有明显的层次性和等级性；二是产业间关联关系的协调，即产业间在投入产出联系上要相互服务、相互促进；产业和产业之间应该是相互促进、共同发展，而不是某一产业的壮大削弱其他产业的发展；三是产业之间以及产业部门之间增长速度、素质的协调；四是产业结构演进阶段的协调，产业阶段的演进总是按照产业结构的阶段演进的顺序进行的，一般情况下不会出现结构性的逆转。

2.3.4 传统产业结构优化理论的局限性

在传统的产业结构优化理论中，对产业结构优化的目标和评价标准通常针对产业结构的合理化和高度化两个方面。产业结构的合理化强调产业之间的相对地位、关联方式以及数量结构上的协调，产业结构的高级化则强调产业的高附加值、高技术化、高集约化和高加工度。传统的产业结构理论对产业结构优化的目标更多地是在经济的增长上，对产业结构同资源、环境的关系考虑较少。在过去单纯注重经济增长的经济发展观下，产业结构优化的目标符合经济增长的目标，依靠大规模投资和工业化，可以推动经济快速增长，但随着人们经济发展观的转变，经济发展的目标由单纯的"经济增长"转向"经济发展"。进入 20 世纪以后，我国对经济发展的目标进一步拓展，不仅包括经济增长，还包括增加就业、提升收入、资源的有效利用、环境的改善以及可持续发展。在新的发展观下，单纯的经济增长目标不再是单纯的经济发展目标，传统的产业结构优化理论在应对新发展观所带来的新要求下显示出了一定的局限性，主要表现在两个方面：首先，传统的产业结构优化理论不能实现经济、资源、环境三者和谐统一的最终目标。在传统的产业结构优化理论中，产业结构合理化和高度化将实现经济的持续快速增长作为最终目标，没有考虑产业结构变动对资源的消耗和环境的影响，同当前我国可持续发展的经济目标不相符合。其次，当前我国产业结构内在矛盾主要集中在产业之间供需不平衡、区域之间产业发展不协调，而资源和环境问题是引发这一矛盾的重要原因。资源稀缺性是造成产业原材料供需不平衡的主要原因，而环境问题又引发了产业的成本增加，资源和环境等因素的影响加剧了产业发展的不平衡，而传统的产业结构优化理论在解决这些问题的时候存在一定的不足。

传统的产业结构优化理论在促进发展中国家制定产业政策从而推动产业快速发展，实现经济持续快速增长，缩小同发达国家的差距上有重要的意义。但伴随着经济的进一步发展，资源和环境问题开始进一步恶化，传统的产业结构优化理论由于只关注眼前的、狭义的经济效益，在解释资源问题上存在严重的缺陷。在经济可持续发展观取代传统经济增长观的情况下，产业结构优化不能只关注于经济效益，也不能单纯地为解决资源和环境问题而放弃经济效益，产业结构作为经济结构调整的重要部分，是转变经济发展方式的主攻方向，产业结构优化的目标应该符合目前经济发展的要求和产业发展趋势，应该平衡资源有效利用、资源环境保护和经济效益之间的关系，实现资源、环境和经济效益的和谐统一。因此，本书在研究城市产业结构优化时，将资源要素纳入产业结构优化理论，以期更好地解释和指导产业结构优化升级，实现经济、资源、环境的和谐统一。

2.4　资源平衡

2.4.1　资源平衡的界定

平衡和不平衡是指某一时间节点上资源的一种静态状态。就资源的供给和需求结构来看，资源平衡体现为供给结构和需求结构的一致性和均衡性。一致性是指资源供给和资源的需求结构上的对应性、均衡性，指资源供给和需求在数量上的平衡。而相应的不平衡状态就表现为供给和需求结构的非一致性和非均衡性。就资源在产业内部的配置来看，资源的平衡是指资源在不同产业之间配置的合理性和协调性，不平衡状态则表现为资源配置的不合理性和非协调性。

综合资源的平衡和不平衡状态来看，第一种状态实际反映的是资源同产业之间平衡与否的关系，第二种状态则反映了产业内部资源的平衡与否的关系。资源供给结构的变化会影响需求结构的变化，进而引起产业结构的变化。产业对资源的需求结构的变动，从表面上看是由于产业生产能力的变动引起的对资源的需求增加，但实质上是产业结构内部产业间关系的调整和变动。这是因为产业的生产能力的变动，是随着各部门之间的资源投入和产出关系，按照一定的比例关系互相作用而变动的。因此，本书对资源平衡的界定，从宏观和微观两个方面进行，宏观层面考察城市资源的供给和需求结构平衡与否，微观层面则针对产业结构内部资源的平衡与否。

2.4.2　宏观层面的资源平衡

城市的资源禀赋作为区域经济社会发展的根本条件，对城市发展的质量有硬性的约束，在量上主要表现为城市承载力对城市人口规模的抑制，城市人口不能无限制地增长；在质上主要体现在对城市形态的抑制，城市发展不能长期"粗放型"发展。否则在资源的约束下，城市扩张的规模是不可持续的。城市的发展是不能脱离自身的资源禀赋而实现，而是在资源的约束下实现的。同时，资源对区域发展的约束具有相对性，城市发展会使资源的约束性产生变动。随着城市规模的增加、城市开放性的进一步增强，以及科学技术进步、城市产业结构的变动和优化等，资源的互补性和利用效率会越来越强。稀缺的资源得以或者通过市场进行补充，或者通过寻求新型资源替代，或者通过提高资源利用效率来突破资源对城市发展的制约，实现资源约束上升的目标，从而提升城市资源承载力。城市资源承载力是一个动态变化的概念，城市资源承载力的变动，是城市内资源供给与需求之间相互作用关系的动态平衡的结果[75]。对资源的单位消耗降低，或者是资源的供给能力上升，那么相应的城市承载力就也会得到提升。结合前面对城市资源以及城市资源承载力的特征分析可以看出，城市资源系统并不是一个简单的孤立系统，城市资源同城市社会经济系统以及生态环境系统相互耦合，三者相互影响与作用，形成了一个复杂的耦合系统。城市社会经济发展会受到资源的潜在约束，但是当社会经济效益与外部资源成本之差最大时，社会经济效益就处在最佳规模或合理规模之上。因此，宏观层面上的城市资源平衡，就是指根据城市自身资源禀赋和环境基础，合理地确定社会经济发展水平和规模，实现既不突破城市资源承载力"阈值"，导致生态环境系统严重甚至不可逆转的破坏，同时又能完全利用城市资源的平衡状态。

2.4.3 微观层面的资源平衡

在产业组织理论中，围绕着资源平衡问题有两种主流观点：一种是佩罗斯（Penrose E.）所主张的资源间永不平衡，佩罗斯认为产业组织为实现利益的最大化，所追求资源的完全利用就是寻找资源的平衡，由于在现实中对资源的利用不可能是完全有效率的，所以资源间的平衡是永远不可能实现的。产业组织要想实现对资源的完全利用，只有通过扩大生产规模或者经营多样化。但在一段时间内，产业组织所能达到的扩张规模和多样化程度是有限的，因此，产业组织内总是存在未利用的资源，资源间的不平衡是产业组织无限成长的源泉和动力[76]。另一种是普拉哈拉德（Prahalad C. K.）和哈默（Hamel G.）所提出的，产业组织之间应当保持平衡，至少拥有三条腿：强有力的开发能力、按照世界级成本和质量水准生产产品或者提供服务的能力、分布广泛的行销和服务的基础设施[77]。这一资源平衡的观点同佩罗斯不同，认为资源平衡就是通过掌握和控制补充自身不足的资源，在现有资源的基础上取得更多的利润。资源平衡有两个条件：掌握和控制补充自身不足的资源；可以获得更多利润。公司只有掌握了能够补充本身不足的资源，才能在本身特有的资源上取得最多的利润。这两种不同视角的观点反映了资源平衡的双重性，一方面，资源不平衡是产业组织成长的动力，另一方面，资源的不平衡阻碍了产业组织的成长。资源平衡是产业组织获取利润与持续成长的重要前提，同时也构成了产业组织成长的障碍。资源平衡涉及产业组织所拥有资源组合的形式、过程、内容与结果及其之间的关系，资源平衡是资源组合概念另外的一种延伸。由于产业组织可以对资源进行不同组合、转移和转换，这就构成了产业升级的动力机制。产业组织通过对资源的配置，将投入转为产出，并最终演化成为产业升级，产业组织的业务结构决定了产业升级的方向，而产业组织的结构又是由资源的配置所决定的，所以产业结构升级的基本特征是由产业组织之间资源配置特点所决定的。

2.4.4　资源平衡视角下的城市产业结构优化

资源平衡研究涉及资源组合的形式、过程、内容与结果及其之间的关系，资源平衡是资源组合概念的另外一种延伸。资源组合形式是多种多样的，因为产业组织资源本身并不是静态的，而是动态的，可以进行不同组合、转移与转换，这就构成了产业升级的动力机制。完全相同类型、数量、质量的资源，在不同的资源组合中的表现完全不一样，产业升级的模式、路径和效果也会不一样[78]。通过对前人产业结构研究的整理可以看出，产业结构问题的研究已经不仅仅是在研究产业结构对经济增长的问题，更

应该转向产业结构同资源环境之间的相互关系。经济的发展必须
在环境的可承受范围内，产业结构的调整不能超出资源综合承载
力的约束。在评判产业结构的合理性之前，首先要确定资源和产
业结构之间是否协调，或者说，资源的供给与资源综合承载力的
制约是进行合理性评价的基本准则。经济系统和资源环境系统作
为互相影响的子系统，资源环境系统为经济系统提供资源用以生
产和消费，而经济系统也反作用于资源环境系统。产业结构作为
衡量经济发展水平的状态指标，产业结构和资源、环境之间存在
着耦合关系。资源一方面作为产业发展的基础，资源的数量和质
量以及供给结构决定了一个地区内主导产业的选择，另一方面，
资源通过资源综合承载力制约产业的发展。由于资源综合承载力
"阈值"的存在，经济系统中的经济活动不能破坏资源环境系统
的正常结构和功能，也就是说，经济活动要同资源系统的支撑能
力相平衡。合理的产业结构应该使经济活动的"外部不经济"降
到最低，因此，在城市产业结构优化过程中应该考虑城市资源系
统的承载力，使产业结构和资源综合承载力之间形成协调关系，
保证城市资源的供需平衡，城市的经济活动不超过城市资源综合
承载力的约束。与此同时，要考虑城市经济活动在有限承载力约
束下实现社会经济效益的最大化。

　　资源平衡视角下的产业结构优化是在城市资源承载力概念进
行界定的基础上，根据产业结构优化的相关理论所提出的基于城
市资源承载力的城市产业结构优化内涵。它指的是在确定城市产
业结构优化的方向和路径选择时，根据经济、社会发展的现实状
况调节控制城市资源需求和供给总量，综合考虑资源系统、经济
系统、社会系统以及环境系统之间的相互协调和制约关系，科学
认识资源开发利用与人口、社会经济发展以及资源环境之间的相
互联系。通过产业结构优化资源在不同产业之间以及产业内部的

分配比例以达到对资源的合理配置，调整城市产业结构布局；通过产业结构优化促进城市社会经济产业的和谐发展，最终实现城市社会经济和城市资源环境综合效益的最大化。资源平衡视角下的城市产业结构优化是根据城市资源综合承载力，通过对城市产业结构的调整优化实现资源的供给和需求总量上的平衡，促使城市资源综合承载力以及城市产业结构双向优化的过程。使城市在资源综合承载力的约束条件下实现产业结构的逐步优化，同时，通过产业结构调节城市资源的供给，控制资源的消费数量，保障城市产业综合效益的最大化。

本章小结

首先，资源平衡视角下的城市产业结构优化的前提是明确城市资源、资源承载力同城市产业、产业结构优化的联系。本章首先介绍了引入资源的产业结构问题的研究进展，指出产业结构问题的研究重点应该转向产业结构同资源环境之间的相互关系，产业结构的调整不能超出资源环境的约束，并指出本书在资源平衡视角下进行城市产业结构优化的研究方向。

其次，对城市资源的构成和城市资源承载力、产业结构优化以及资源平衡的相关理论基础进行了界定和梳理。资源是一个内涵丰富且不断变化的概念，在早期，人们对资源的定义通常局限在自然资源方面，随着社会发展和技术进步，资源这一概念的内涵被大大拓宽了。根据资源的分类方法，并结合相关城市资源的概念和内涵，城市资源可以划分为自然资源、人力资源、社会资源。城市资源承载力指在城市不产生任何破坏时所能承受的最大负荷，即城市的资源禀赋、生态环境和基础设施对人口经济社会活动的承载能力。一个城市能够容纳多大的经济规模，取决于该城市资源的承载能力。城市资源承载力具有客观性、整体性、有限性、动态性和可控性的特征。在城市资源承载力的结构框架界定上，对城市资源承载力的结构确定为由土地资源、能源、水资源、基础设施资源、技术资源五个要素所组成的相互协调、相互促进的综合性的整体系统。

再次，对产业结构优化的相关理论基础进行阐述。传统意义上的产业结构优化是基于三次产业结构理论，通过有关的产业政策调整，影响产业结构变化的供给结构和需求结构，实现资源的优化配置与再配置，以推进产业结构的合理化和高度化发展，并最终实现经济的持续快速增长。传统的产业结构优化理论由于只关注经济效益目标，忽视了资源、环境和经济效益和谐一体的发展目标，因此，本书在针对产业结构优化问题时，纳入资源这一要素，以期可以更好地解释和指导产业结构优化升级。

最后，对资源平衡和不平衡做出了界定，从宏观和微观两个方面考察资源的平衡与否。宏观层面的资源平衡考察城市资源的供给和需求结构，是城市根据自身资源禀赋和环境基础，通过平衡资源供给与需求之间相互关系的动态平衡，实现社会经济效益处在合理的规模之上，既不突破城市资源承载力，又能完全利用资源的平衡状态。微观层面的资源平衡则针对产业结构内部资源的平衡，产业结构内部产业组织动态对资源进行不同组合、转移和转换，实现产业结构内部资源的平衡状态，这一过程构成了产业升级的动力机制。

第3章 城市资源承载力对产业结构影响的理论研究

　　根据资源及承载力的基础理论，我们认识到，资源是支撑人类社会经济发展的物质基础，其量上的有限和质上的有限决定了资源满足社会经济发展的能力也是有限的。一座城市内，资源承载力是有限的，如果不对发展方式和发展规模进行科学控制，那么就会超出城市的承载能力，从而带来环境恶化，城市内居民的生存质量也会受到影响。

　　城市资源动态平衡过程是指城市资源承载力不断突破资源约束"阈值"的过程。城市资源的承载能力是城市区域内资源动态平衡的结果。城市的发展受资源的约束，但城市经济发展的历程，同时也是在不断突破各种稀缺资源的限制，通过城市资源承载力的不断提升，实现城市发展同资源约束的动态平衡过程[79]。因此，针对城市资源的承载力评价是及时掌握城市发展制约因素的重要手段，是科学对城市发展进行监督管理和决策的依据。城市作为一个复杂系统，城市资源承载力不同于单种资源要素承载力。城市资源承载力这一概念有多个层次的理解，从承载力角度来看，它指的是城市中两种或者两种以上的资源要素承载力的综合；从内涵上来看，是广义上的承载力，包括城市中资源、环境、生态、经济和社会承载力五个方面的内容，是一个有机的整体系统。可以说，城市资源承载力是一种综合概念的承载力，包括城市中空间上的综合，要素上的综合、影响上的综合以及政策和系统上的综合。

在城市这个复杂系统中，城市经济的发展受到诸多因素的影响，通过对相关资源、资源承载力、资源平衡等问题的梳理，我们认为，城市经济是否可以健康持续地发展受到城市资源承载力的制约，而城市资源承载力同城市经济发展的关系归根结底是资源配置的问题，资源的配置在城市经济体系中是资源在各个产业部门间的配置。从某种意义上讲，城市资源承载力对城市经济的作用是通过资源在产业之间的分配以及资源承载力同产业结构之间的相互作用来实现的。因此，本书从城市资源承载力同产业结构演进的相互作用机理入手，对城市资源承载力同产业结构之间的相互关系、影响机制等问题进行探讨，并就如何定量地度量城市资源承载力展开研究。

3.1　城市资源承载力与产业结构演变的相互作用

3.1.1　资源承载力对产业结构演变的影响

产业结构的形成及演进是多种因素共同作用的结果，而资源禀赋状况和资源承载力的约束变化是极其重要的因素[80]。资源承载力对产业结构的作用始终贯穿于产业结构演变的整个过程之中。资源在产业结构演变中扮演着两个基本角色：一是资源为生产提供一切原料和能量，是生产和原料的根本来源，对产业结构形成和变化有重要的正面影响；二是资源的禀赋状况对产业的整体发展水平和产业结构优化速度也有负面影响。

第一点很容易理解，在产业系统发展的早期，或者说产业系统的发展从一开始，就是在对资源利用的同时出现的。在产业结构形成的初期，农业经济始终占据主导地位，农、林、牧、渔等农业生产方式直接依赖于自然资源，一个地区的资源禀赋直接决定了该地区的主要产业类型，而资源的不同地域分布则决定了农业之间的区域差异。在这一时期，产业的生产水平和效率受制于自然资源的数量和质量，产业结构简单，生产目标为满足简单的衣食等生活需求，几乎所有的主导产业门类都属于自然资源密集型的产业部门，资源对产业结构的作用程度在此阶段是最强的，但由于产业层次较低、规模较小，资源承载力问题并不突出。随着产业进一步发展，人们在对资源进行开发利用的同时往往忽略了对资源的合理保护，尤其是进入工业化的初期和中期，生产的目标开始转向以生产建设为重点，对资源的开发利用程度加深，其结果造成了资源供给同产业发展需求之间的矛盾。随着对资源的进一步开发，当对资源的需求超过了资源承载力的阈值时，资源对经济、产业发展的支撑能力下降，而当对资源、环境的破坏反馈于经济、产业发展时，往往导致由于资源承载能力的下降而阻碍产业结构的深化。这时，产业结构为摆脱资源对发展的限制而不得不做出演进，通过提升生产力水平、发展新技术，推动产业结构复杂化和对资源利用的多样化发展，以减轻自然资源对产业发展的约束。在这一阶段，技术密集型工业和以商业、服务业为代表的第三产业开始占据主导地位。此时，自然资源对产业发展的约束减弱，与技术密集型工业、商业和服务业相关的高新开发区、贸易区以及中心城市等的形成与发展更多地受到城市资源承载力中非自然资源因素的影响，但由于可利用资源类别的扩大，资源承载能力得到了提升，资源承载力同产业之间重新恢复了平衡，产业体系得以进一步发展。

资源对产业整体发展水平和产业结构优化的速度也存在负面影响。美国经济学家萨克斯（Sachs）和瓦恩（Warne）在 1995年通过对世界上 71 个国家的资源和经济发展进行观察，以自然资源的丰腴程度和市场、投资等变量对一国的经济增长和其资源禀赋之间的相关性进行了检验。通常我们认为，资源的类型以及资源丰腴程度决定了一个地区经济的类型和规模，但在这一研究中却得出了相反的结论：萨克斯的研究结论认为，自然资源与经济增长之间确实存在相关性，但却是一种负相关，自然资源丰富的国家和地区，经济增长反而慢于自然资源稀缺的国家与地区[81]。那么这一结论是否说明了经济和产业的发展可以脱离资源而存在呢？本书认为，这一结论实质上是从另一角度验证了资源承载力同经济、产业发展之间的密切联系。造成资源同经济增长之间的负相关性的原因在于对于那些自然资源相对丰腴的国家或者地区，经济的增长在初期可以通过对资源的出口来实现，从而导致其对提升科技能力和发展高层次的产业结构的动力不足。在发展的初期，其资源足以支撑起发展的需求，但相对较低的科技水平和低层次的产业结构长期发展必然会造成经济增长缓慢、经济发展水平不高。而在自然资源相对匮乏的国家或地区，由于自身资源禀赋条件较差，要实现经济的发展，只有通过提升科技水平来提高资源的使用范围和应用效率，因而实现了经济的迅速增长，使经济发展处在较高水平。

3.1.2　产业结构演变对资源承载力的影响

根据经济增长理论中的结构主义观点，经济结构（主要指产业结构）随着经济增长而变动，并且反过来作用于经济增长。产业结构的演进就是一个通过对资源进行配置实现经济总体水平提高的过程[82]。麦迪森的实证分析也证明了结构变化是经济增长的一个重要的独立源泉[83]。由于各部门生产率的水平和增长率具有系统差别，因此，当投入要素从低生产率或生产率增长慢的部门向高生产率或生产率增长快的部门转移时，资源在各部门之间优化配置促进总生产率增长，而总生产率增长率超过各部门生产率增长率加权和的余额就是结构变化对生产率增长的贡献，也即"结构红利"。这一假说的基本思想较早反映在克拉克和库兹涅茨等人关于经济发展和产业结构关系的研究成果中，并继而成为增长核算文献的一个分析重点[62]。

产业结构是指各产业的构成及各产业之间的联系和比例关系。在现代经济发展中，由于社会分工越来越细，产业结构日趋细化。产业结构受到各种因素的影响和制约，会在增长速度、就业人数、经济总量中的比重以及对经济增长的推动作用等方面表现出很大的差异。因此，把包括产业的构成、各产业之间的相互关系在内的结构特征概括为产业结构。产业结构变动的原因主要有两个方面：首先，各个产业技术进步、技术创新速度不同导致产业之间增长速度、资本积累速度不同。由于各产业技术进步速度不同并且在技术要求和技术吸收能力上的巨大差异，导致各产业增长速度的较大差异，从而引起各产业在不同时期占国内经济总产出的比重不同，导致产业结构发生变化。其次，随着资本供给、市场需求、技术进步的变化，政府在不同时期支持的主导产业有所不同，主导产业及其相关产业的更迭导致产业结构发生变化，这种变化属于政策主导和推动的变化。在经济发展的不同阶段，需要由不同的主导产业来推动国家经济的发展，伴随着经济发展的主导产业更替直接影响一国的生产和消费的方方面面，这在根本上对一国产业结构造成巨大冲击。因此，产业结构演进是一个经济增长对技术创新的吸收以及主导产业经济部门依次更替的过程[84]。

随着产业生产技术的更替升级，产业结构通过提升对资源的消费和利用效率，影响资源承载力的提升。根据刘易斯的二元经济模型，在不同类型的产业之间，由于生产率水平和增长速度的不同，造成了相同的投入要素在不同产业之间的边际回报率差异[85]。当资源从较低生产率的产业部门向高生产率的产业部门转移时，就降低了产业对资源的总体需求，进而促进了资源承载力的提升。在三次产业中，由于经济生产过程的性质及产品特点等原因，不同产业生产同等产值所需的资源类型和需求数量不尽相同。通常而言，第二产业对资源的依赖高于其他两个产业，而在第二产业内部，重工业对资源的依赖又高于轻工业。因此，三次产业的比例变动以及三次产业内部结构的变动，对一国或一个地区的资源需求结构有非常重要的影响，而随着资源需求结构的变动，资源承载力也相应地产生变动。

3.2　城市资源承载力对产业结构的影响机制

关于资源承载力的提升、产业结构的优化升级会促进经济可持续增长的理论目前已经得到了广泛的认同。本书通过对资源承载力同产业结构演变之间的相互关系的分析，同时结合当前其他学者的文献研究，基本可以得出产业结构优化升级和资源承载力之间是有联系的这一基本结论。本书在资源平衡视角下对城市产业结构优化问题进行研究，要解决的首要问题就是厘清城市资源承载力和产业结构优化之间相互作用的具体影响机制。因此，本书将从理论上对这一问题进行详细论述，研究城市资源承载力到底是如何影响产业结构，揭示出其中具体影响机制。

3.2.1 城市资源承载力对产业结构影响的机理分析

资源平衡视角下城市产业结构的研究目的是实现城市的社会经济可持续发展，而可持续发展要求在保持城市经济增长的同时，保持城市环境质量的不断改善，也就是说，要实现城市经济增长同整个城市系统环境双赢的状态。产业结构对环境的影响效应即我们通常所说的结构效应：随着经济发展和技术创新，产业结构变化对环境质量产生的影响。在整个经济发展水平不高之际，为了实现经济的快速增长，此时环境效应较差的工业有较大的发展空间，而随着经济的高速发展，资源和环境问题的突出则使人们更关注资源利用和环境改善，此时在产业选择上必然会选择发展环境效应较好的产业。政府通过一定的干预来对产业活动进行规范，使产业结构得到优化升级。而政府对产业活动的干预无非通过以下两种途径来实现：一是通过大力发展资源消耗少、环境污染小的产业，对产业内部的产业结构进行优化；二是发展资源依赖度低、环境效应较好的新产业，如第三产业。事实上，产业结构的调整优化就是为了平衡经济增长同资源环境之间的关系。

由于资源的承载能力是有限的，随着经济的不断增长，资源的稀缺性开始显现，资源的供给和需求之间的不平衡导致企业获取各种资源的成本不断提高，也就是说，企业的生产成本提升，而生产成本的提升则影响了企业的收益，企业为了实现效益的最大化则必须想方设法抵消这一部分非生产性的成本增加。企业为了降低成本，通常有以下几种途径：第一种是最简单有效的途径，企业将增加的成本通过产品价格的上涨转移给消费者，而对消费者而言，面对价格的上涨便会减少对这种产品的消费或者是寻找其他替代产品，那么消费需求就会受到影响，消费需求的变动带来消费结构的变化，消费结构的变化最终对产业结构产生影响。第二种途径是企业进行技术创新，利用新技术提升生产率，以期通过较少的投入获得较高产出的方式以消减成本的增加，而技术的不断创新可以促进产业结构不断变迁。第三种途径是利用产业转移来降低成本，企业通过发挥比较优势，将资源依赖性强的产业转移到资源较廉价的国家或者地区，利用相对低廉的资源来降低企业的生产成本，产业的转移必然会对产业结构造成影响。而如果通过上述几种途径都无法抵消资源限制所带来的成本提升，企业则无利可图，那么企业就有可能减少投资或者转向其他投资方向，这时投资需求和投资结构就会发生改变进而导致产业结构的变动。资源供给和需求之间的不平衡所带来的生产成本的增加对产业结构优化的影响除了体现在上述三个方面以外，生产成本的增加还对新企业产生壁垒效应。对新企业而言，资源的限制所带来的成本上升对企业进入增加了困难，而同行业中其他企业为应对成本增加进行技术创新，也在技术层面对新企业进入形成壁垒，那么新企业则可能更倾向于受资源限制较少的行业，这样由于资源限制所形成的壁垒效应最终对产业结构产生影响。

总之，由于资源的稀缺性以及资源承载力的有限性，经济规模和产业发展规模的扩大并不是可以无限制持续下去的，而当规模扩大到一定程度，由于资源限制所带来的生产成本的增加，通过社会需求、技术创新、贸易和企业进入等环节影响着产业结构（见图3-1）。

3.2.2 资源平衡影响产业结构的机制分析

3.2.2.1 基于社会需求的资源平衡对产业结构影响机制分析

需求和消费是经济学中两个重要的概念，消费是指最终消费，其定义是能够满足人们在生活中最终必需提供的商品总和及

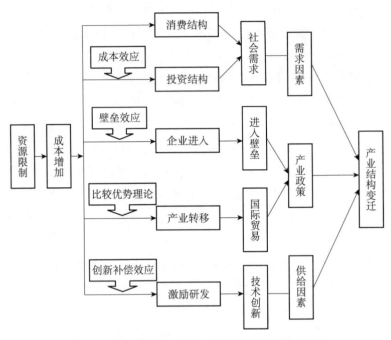

图 3 - 1　城市资源承载力对产业结构影响机理分析

服务总和[86]。需求则是随着经济主体的变化而呈现出层次性变动，经济主体不同，需求的对象不同。经济主体是个人时，这时的需求称为最终消费；经济主体是企业时，这时的需求则是生产消费，也就是通常意义上的投资。经济系统中的产品按照在经济活动中所处的不同层次可以分为消费品和投资两种基本类型。当经济系统中的需求总量或者是需求的结构发生变化，都将对经济系统中的产业结构产生影响[87]。具体来说，在以下几个方面得以体现：第一，需求结构中的个人消费结构是影响产业结构的决定性因素，个人消费的结构是中间产品需求结构的最终表现，当个人消费结构发生变化时，最终消费品结构也随之变化，从而影响中间产品的产业结构。而随着产品的丰富，人们的消费需求得以释放，个人消费需求向多样化和层次化升级，由此带来的消费总量和结构的升级也会带动产业结构向多层次化升级。第二，需求结构中的投资结构也是产业结构变化的重要影响因素，投资在产业间的不均衡是产业结构变动的重要原因。企业总是根据生产消费需求来决定对哪些产品增加投资，对那些经济系统中原本没有但在经济活动中需求量较大的产品投资，就会产生新的产业，新产业的出现必然带来产业结构的变化。对经济系统中已经存在的产业，产品需求量较大的产业往往较需求低迷的产业更容易获得投资，那么前者将获得更快的增长速度，产品比例的变化最终会促进产业结构的变迁。而即使抛开企业的投资偏好对全部产业进行相同的投资，产品实际需求量大的产业也会比需求低迷的产业获得更好的发展，产业间出现不均衡发展，最终带来产业结构的改变。第三，消费需求和投资需求的比例关系也是产业结构变化的关键影响因素，投资和消费需求的比例直接决定了消费型产业和资本型产业之间的比例并最终决定产业结构。这是因为随着经济的发展而带来的收入水平的提升，使得人们对消费型产业的需求提升，消费型产业得以充分发展，产业结构逐步趋向优化。

在资源平衡视角下，为实现城市资源供给同需求之间的平衡，必定要通过一系列的措施、政策对社会经济活动加以限制，因而为平衡资源，经济活动中的消费需求和投资需求一定会受到影响。首先，随着社会经济的发展，资源承载的压力越来越大，人们对资源利用和资源承载之间的矛盾也日益关注，为实现可持续发展的目标，必定会采取一定的措施对资源的供给加以控制，以限制部分企业的生产行为，也就是说，对资源依赖大的企业的投资需求总量受到压缩。同时，由于资源利用成本的增加，投资的需求结构也会受到影响。投资由于资源利用成本的增加，会更

倾向于投入资源利用效率更高的产业，而这部分产业由于得到了
充足的资金会取得更好的发展，最终会带来产业结构的变迁。其
次，随着资源的日益枯竭，经济活动中的消费和投资需求的比例
也会受到影响。政府可能会改变过去单一依赖资源的发展模式而
进行经济的转型，伴随着整个经济的转型，投资的领域也开始变
得多元，同时也会鼓励消费以拉动投资，促进城市由资源型城市
向消费型城市转移以拉动经济。而消费和投资的需求比例的变化
直接影响着消费型产业和中间商品型产业的比例，进而影响整个
产业结构的变化。

3.2.2.2　基于技术创新的资源平衡对产业结构影响机制分析

技术创新通过提升生产力水平和提高劳动生产率对产业结构
的变迁产生影响[88]。技术创新所带来的生产力水平的提升促进社
会分工的发展，社会分工的发展会形成新的产业分工，从而对产
业结构产生影响；而劳动生产率的提高会使产业内部劳动力要素
发生流动，劳动力结构的变动也会对产业结构产生影响。在技术
创新的作用下，生产要素在产业结构内部不断向高级化流动，最
终实现产业结构的高度化，技术创新是产业结构优化升级的巨大
推动力。技术创新影响产业结构优化的具体表现在于技术创新对
传统产业的改造以及创造新兴产业。在产业结构中，传统产业通
常是指钢铁、石油、煤炭、化工等高投入、高能耗、高污染的这
些产业，这些产业是工业化社会中的支柱产业。随着产业的持续
升级进步，传统产业同当代所提倡的可持续的发展方式之间矛盾
日益突出，人们开始对以这些产业推动经济发展的方式产生质
疑。但就目前经济发展实际来看，无论是基于何种发展方式，传
统产业在经济发展中的支柱性地位是不可撼动的，也必须在新的
产业发展背景下寻求发展。而技术创新可以实现对传统产业的改
造，通过采用新技术、新生产工艺和新装备来提升传统产业的技

术水平，使这些传统产业得以升级改良，使产业结构向技术集约化的趋势升级，从而推动产业结构不断完善，实现产业结构优化升级。技术创新对产业结构的影响除了对传统产业的改造促进产业结构向高级化发展外，还体现在技术创新对新兴产业诞生的推动[89]。随着生产技术的不断变革，某些产业和产业部门从原先的产业中分离出来，形成新的产业和产业部门，同时，技术创新带来的新的技术也对原有的社会分工带来了新的要求，社会分工的进一步细化所产生的新的生产领域，形成新的生产部门，产业结构也随之发生变动。技术创新除了在改造传统产业和推动新兴产业两方面促进产业结构变迁外，也会影响需求和供给结构，进而影响产业结构。就对需求结构的影响来看，技术创新带来产品成本的下降，随着成本的下降，产品的市场也会有相应地扩大，由于不同产业的产品之间的需求价格弹性的差异，对生产需求价格弹性较高的产业，技术创新会使该产业的收益迅速提高，而对于那些需求价格弹性较低的产业，技术创新虽然增加了其资金的投入但收益却有一定的降低。这样就造成了生产要素向高需求价格弹性的产业集中，最终带来产业结构的升级。随着技术的创新，新的替代资源的出现对生产的需求结构也会带来影响，而对消费品的需求结构所造成的影响最终也会传递到产业结构上去，对供给结构的影响则体现在技术创新对劳动生产率的提升所带来的产业分工的加深和产业经济的壮大，更多的新型产品被生产出来，改变了供给结构，促进产业结构向合理化、高度化的方向发展。

技术创新是实现经济、产业可持续发展的重要手段，资源平衡是为了实现可持续发展，技术创新同实现资源平衡这一目标之间有着密切的关系。一方面，通过技术创新实现生产率的持续增长是解决在资源限制下持续增长的关键途径；另一方面，在资源日益稀缺带来的成本上升的情况下，企业也不得不通过利用技术创新的补偿效应以维持收益，从而有利于新的技术出现及扩散。技术创新的实质是生产要素和生产条件在生产过程中通过重新组合，建立起一种新的生产函数，获得潜在的利润，从而最大限度地获取超额利润。① 企业追求利益最大化的目标是技术创新的根本动力，资源供给和需求之间的不平衡是企业进行技术创新的原因所在。技术创新的目的是增加产品产量或者减少生产过程中资源的不合理利用，主要通过提升生产技术工艺、运用新型设备、产品替代、生产或者使用资源依赖度低的产品等手段获得竞争优势并从中获利。资源不平衡所带来的生产要素价格的提升，对企业而言意味着生产成本的增加，在最大利益的驱使下，企业必须采取措施抵消这部分成本，其中一个重要的措施就是进行技术创新，以克服边际报酬递减规律，获取更多的收益以抵消掉增加的成本。根据技术推动理论，企业为减少生产要素成本的增加而进行技术创新，能够节约资源、提升生产效率，最终推动产业结构的合理化、高度化发展。虽然对企业而言，进行技术创新意味着大量的资金投入，而且这部分投入甚至可能在短期内不能获得相应的回报，但从长远来看，技术创新无论是对企业还是对产业的发展都是有益处的。有能力实现技术创新的企业通过技术创新，实现自身的生产素质提升，从而推动产业结构向高级化发展。而对于那些技术创新能力不足或者不愿意承担技术创新所带来的成本的企业来说，为了减少资源限制带来的额外成本，可能会转移到其他生产领域或者退出原本的行业，这也会对产业结构带来影响，促进产业结构向合理化发展。

---

① ［奥］约瑟夫·熊彼特. 经济发展理论［M］. 何畏，易家详，译. 北京：商务印书馆，2009.

3.2.2.3 基于对外贸易的资源平衡对产业结构影响机制分析

随着社会、经济的发展，区域之间的贸易往来变得频繁，对外贸易对产业结构的影响体现在国家之间或者区域之间通过产品的出口刺激自身需求的增长和通过进口以增加自身供给，进而影响产业结构。对外贸易有利于区域发挥自身比较优势，作为一种在开放经济下常见的经济行为是影响产业结构的重要因素。在传统的经济理论中，贸易的发生是由于区域之间的外生比较优势的差异。在区域之间有比较广泛的经济联系时，当其他区域对本区域的某种商品有广泛的需求，那么其他区域的需求将使得本区域的商品生产规模不断扩大，生产要素向生产该种商品的产业集中形成规模经济，而同该商品生产相关联的产业部门也有迅速发展的机会，这种对商品的需求最终会成为产业结构变迁的驱动力。而随着对外贸易的不断加强，区域间的分工也会进一步演化，分工的不断演化要求不同区域之间以及区域中不同产业组织之间协调发展，不断促进产业组织趋向合理化，促成产业结构优化。根据比较优势理论，一个区域通过出口该地区具有比较优势资源的产品和要素，进口对该地区而言资源稀缺的产品和要素，改变自身的供需情况。对外贸易所带来的资源交流会对产业结构产生影响。对外贸易对产业结构的影响体现在两个方面：一是通过获取自身所缺乏的资源或者技术影响产业结构；二是通过贸易带来的新市场需求对产业结构产生影响。资本和技术是产业结构优化中两个重要的因素，资本的匮乏和技术的落后是制约产业结构实现优化的瓶颈，而对外贸易则是突破这两方面瓶颈的有效途径。通过利用自身占据比较优势的产品进行出口从而获得充足的资金；或者是利用对外贸易引进先进的生产技术，可以为自身产业结构优化提供资金保障和技术支持，从而促进产业结构迅速地实现升级优化。对外贸易所带来的产业充分发展也会提升区域内的收入水平，收入水平的提高又会优化消费结构，形成良好的内部市场，为产业结构的升级优化提供了内源性的动力。

一个地区的比较优势决定了其进出口产品的结构，而进口产品结构中高技术含量、高附加值产品的比重则推动了产业结构的优化升级。对外贸易中出口规模的扩大所带来的资金储备同进口吸收而来的先进技术、设备以及自身不具备比较优势的产品和服务可以转化为区域自身的实际生产力，有效地实现资本的积累，并对产业发展起到传导作用。在产业的发展中，资本积累是生产要素积累的核心，在对外贸易带来的资本和技术的支撑下，可以促进产业部门的生产工艺得到发展和进步，使得地区内原有产业新产品的开发和使用生产工艺的进步得以实现，促进了产业升级和新兴产业的发展，也使得摆脱自身资源约束成为可能。调整资源的需求结构是实现资源平衡的重要目标，而这一目标实现的核心就是大幅度地削减资源的消费量、提升对资源的利用效率。要在削减资源消费的同时保持整个经济系统的持续增长，就必须借助外部输入大量的资源，而对外贸易是促进资源要素流动的有效途径。同时，对外贸易所带来的能够提升资源利用效率的先进生产工艺和技术，也能有效地降低区域内对资源的整体需求。随着对外贸易的不断深入，过去封闭型、半封闭型、半开放型的市场开始转向开放的市场，过去对资源依赖程度大的产业或者是实现了工艺的提升和生产要素的补充得以转型，或者是直接通过产业转移的方式转移出去，都会带来区域内的产业结构的优化。

3.3 城市资源承载力的定量评价

3.3.1 城市资源承载力主要定量方法综述

通过对目前关于区域资源承载力的定量评价的研究来看，在针对区域承载力现状的定量分析方面，主要是在区域资源承载力理论的基础上，通过构建包含了尽可能多的可以反映资源承载力主要特征的指标体系，确定这些指标的综合定量值并通过运用计量方法来分析区域承载力现状。在针对区域资源承载力的预测上，则主要是通过对所选取的反映区域资源承载力主要特征的指标进行预测，利用预测得到的数值来计算区域在未来一段时期内的承载力状态。在学者们的研究中，具体的定量化的研究方法很多，主要包括专家调查法、状态空间法、生态足迹法、系统动力学法、短板效应法、多目标模型最优法和模糊综合评价法等。

3.3.1.1 专家调查法

专家调查法是通过专家咨询对反映资源承载力的指标进行筛选，通过专家对指标进行评分来定量地分析和评价资源承载力。这一方法主要是利用专家丰富的实践经验与专业知识，在专家赋值的基础上经过多次论证然后求均值。城市资源承载力中大量存在的边缘不够清晰、具有模糊性的一些变量，利用数理模型难以模拟出其状态，此时，通过利用专家丰富的经验进行判断获得定量的数据相对而言准确性更高，具有更好的说服力。缺点是，专家调查法结论的准确性对所咨询的专家知识的渊博程度、专业素质修养依赖较大，所取得的结论容易受到专家的主观影响，同时，专家调查法的结论同所咨询的专家数量有关，咨询的专家数量越多，则结果越趋近于合理，这就造成了专家调查法的操作性不强，为了获取更为合理的结论所付出的成本就越高，耗时也越多。

3.3.1.2 状态空间法

状态空间法是利用欧氏几何空间定量地描述系统状态的一种方法，通常由表示系统内各要素状态的三维状态空间轴组成，三维状态空间包括受载体的人口及经济社会活动和作为承载体的区域资源环境。在这一空间内，各种资源要素组合形成的不同的区域承载力状态点构成了承载力曲面，区域承载力的大小可用状态空间的原点同系统状态点所构成的矢量模来表示。若区域承载状况矢量的模大于区域承载能力矢量的模，表示人类的经济社会活动超出了资源要素组合的承载能力；若区域承载状况矢量的模小于区域承载能力矢量的模，则表示人类的经济社会活动低于资源要素组合的承载能力。状态空间法的不足之处在于，构造承载力曲面所涉及的要素较多，难以进行定量的描述，同时，模型只考虑了人类活动对承载体的压力的影响，而对人的主观能动作用重视不足[26]。

3.3.1.3 矢量模法

矢量模法是将承载力视为多维空间的一个矢量，承载力随着人类经济社会活动方向和大小的不同而变化，在不同的发展方案或者不同时期的发展状态分别对应着不同的承载力值，对每个承载力的指标进行归一化处理，归一化后向量的模就是对应的发展方案或者发展时期的承载力。矢量模法在承载力指数计算上的优势在于简单易行，但由于在确定各项指标权重的时候，多采用均权数等人为方法，受人为主观影响较大，容易导致计算结果出现一定的偏差。

3.3.1.4 生态足迹法

生态足迹法是借助物质作为衡量承载功能的媒介来完成承载能力测度的。生态足迹模型通过比较需求面估计得到的生态足迹总量与实施生态供给之间的大小，来确定特定区域的生态赤字或生态盈余状况，进而反映在一定的社会发展阶段和技术条件下，人类社会活动影响程度与生态攻击力之间的差距。

总体来看，生态足迹方法不足之处表现在：主要侧重考虑资源与环境，较少涉及经济、社会和技术等层面，指标选择具有生态偏向性，导致计算结果多为超载状态，事实上，从目前各国与地区的发展状况来看，并不总是超载状态；采用当量与产量因子进行地区之间比较时，生态足迹指标过分简化，只有全球的一般状况，而没有反映出不同区域的实际情况，对区域指定有效的可持续发展决策的直接意义并不明确。

3.3.1.5 系统动力学法

系统动力学是由美国福瑞斯特（J. W. Forrester）在1956年创立，综合了系统理论（system theory）、控制论（control theory）、信息论（information theory）、决策理论（decision theory），从而发展起来的过程导向的研究方法，主要针对大量变量、高阶非线性系统的研究。英国的斯莱瑟（Slesser）进一步改进此方法，提出采用 ECCO 模型作为资源承载力估算的计量方法，以能量为折算标准，在一切都是能量的假设前提下，将资源环境承载力以及社会系统、经济系统、生态环境系统当作互相耦合的巨系统，进而采用系统动力学方法来模拟不同发展策略下，人口与承载力之间的弹性关系[90]。由于系统动力学主要依据系统内部诸多因素之间形成的各种反馈环进行建模，同时，搜集与系统行为有关的数据进行仿真，并作出预测。因此，系统动力学法具有优于回归预测和线性规划等方法的特点，既可以进行时间上的动态分析，又可以进行系统内各要素之间的协调。城市资源承载力涉及社会、技术、生态和资源等多个复杂领域，各要素承载力关系十分复杂，应用系统动力学法解决城市资源承载力问题可以定量展现城市资源系统的复杂结构和功能，分析各要素承载力之间的关系，从而进行准确预测。系统动力学法的不足之处是该方法建模受主观能动性影响较大，模型参变量的建立受建模者的主观影响较大，在针对长期发展情况进行模拟时，参变量难以掌握，进而会影响最终结论的准确性。

3.3.1.6 短板效应法

短板效应法通过构建评价指标体系，从社会、经济和环境等层面就某区域的承载潜力逐个进行分析计算，以承载数值最小的层面为基础，确定整个区域的承载能力水平。该方法更适合对研究区域内部的各个小区域进行横向比较，得到的承载能力数值也仅仅是研究区域内部各小区域相对而言的承载能力大小，并非绝对的大小，因此，很难真正判断区域资源环境承载力与社会经济活动的协调程度。

3.3.1.7 模糊综合评价法

模糊综合评价法是在美国控制论专家扎德（L. A. Zadeh）创立的模糊数学的基础上出现的一种评价方法。模糊综合评价法根据模糊数学的隶属度理论，把对受到多种因素制约的事物或对象做出一个总体的评价，将定性评价转化为定量评价，可以很好地解决模糊的难以量化的问题。模糊综合评价法将城市资源承载力的评价视为一个模糊综合评价的过程，通过合成运算，得出评价对象从整体上对于各评语等级的隶属度，通过取大或者取小运算确定评价对象的最终值。由于城市资源承载力具有自然和社会双重属性，城市资源可以满足多大的城市规模，社会经济是否可以持续发展，这些取决于城市未来的经济措施、发展速度以及战略方针等，这些参数是城市资源承载力系统中的不确定因素，因此，模糊综合评价法是城市资源承载力评价中一种十分有效的数学方法。这种方法的局限在于模型的取大取小运算会造成大量有效信息的遗失，评价因素越多，信息的利用率就越低，造成误判的可能性就越大。

3.3.1.8　多目标模型最优法

多目标模型最优法利用大系统分解协调的思路，将整个综合承载力系统分解为若干子系统，子系统模型既可以单独运行，也可以配合运行。各子系统模型中变量之间的主要关系作为多目标的核心模型，对整个大系统内的各种关系进行分析和协调，系统内的各子系统之间通过多目标核心模型的协调关联变量相联接，同时，各子系统模型又反映整个大系统内的局部详细的状态。多目标模型最优法为承载力的定量研究提出了一种新的思路，但在实际运用中，多目标模型对数据的需求量大，同时，模型求解也存在一定的难度。

3.3.2　指标体系的构建原则

要准确地对城市资源承载力进行衡量，要先建立起全面的、科学合理的评价指标体系。城市资源承载力问题是一个复杂性问题，建立起一套有效和实用的评价体系是复杂的系统工程，需要与反映不同地域特点的理论研究和实践有机结合。城市资源承载力指标是进行城市发展决策的基础，同时也是环境与经济社会协调发展的重要参考。城市资源承载力评价指标体系应当具备以下几个方面的功能：一是描述和反映任一时间节点或者时期上的经济、社会、人口、环境、资源等城市各方面的承载力水平或状况；二是可以反映评价一定时期内城市资源各方面承载力的发展趋势及速度；三是能够反映城市资源承载力各子系统之间的协调程度。

城市资源承载力是一个复杂的巨系统，系统内部结构非常复杂，同时又具有动态性、开放性的显著特点。建立城市资源承载力指标体系的指导思想是：从资源的稀缺性出发，选取能够全面科学地反映城市经济社会和承载力发展状况的指标，这些指标既能反映城市自身的特征状况，又可以反映整个城市资源承载力系统状况，以及反映经济社会同资源承载力之间、资源承载力内部各系统之间协调的程度，同时，考虑到可操作性和实际性等特征。在此指导思想下，构建城市资源承载力评价指标体系及评价方法。

在构建城市资源承载力评价指标时，要遵循以下原则。

第一，科学性与代表性相结合的原则。评价指标体系的构建要建立在科学的基础上，能够客观地反映研究区域的实际情况，能够充分地反映城市资源承载力的内在机制，能够度量承载力的特征，体现城市资源承载力的内涵和规律。在指标的选择上，既不宜过多也不宜过少，指标过多则造成指标意义相近重复，指标之间相互重叠；指标过少则容易造成信息的遗漏和缺失。应当选取具有典型意义和代表性的指标，使指标体系相对简洁易用。同时，要注意选取的指标之间应当是相互独立和相互联系的，对指标的定义应当清楚明确，所采用的计算方法、数据以及数据处理应当科学合理，从而可以科学准确地对城市资源承载力进行评价。

第二，全面性和系统性相统一的原则。城市资源承载力具有系统性的特征，这就要求城市资源承载力评价指标体系构建时要考虑明显带有系统特征的指标。所选指标不仅要反映区域资源系统特征，也要能反映城市人口和经济社会系统的发展特征，要综合考虑城市内人口、资源、经济等各个方面的相互关系，构建一个层次分明、关系明确的有机整体。

第三，可行性和可操作性相结合的原则。对城市资源承载力评价指标的选取，要求可以较全面地反映城市资源承载力的本质内涵，但也不可以盲目地求大求全，过分复杂的指标体系在现实中往往不具备可操作性。多层次、多指标的复杂体系，在实际应用中容易受到数据来源的限制，数据获取难度大，指标数据不具备普遍性，导致指标体系缺乏推广应用价值。因此，在评价指标体系构建时，要坚持可行性和可操作性相结合的原则，尽量以现有制度为基础，选择概念明确、定义清晰的具有针对性的并且数据采集方便的指标，精简各方面的次要性指标，保证选取的指标少而精。

第四，动态性和静态性相统一的原则。城市资源承载力是一个动态变化的概念，随着人口增加、城市规模变化以及社会经济发展，城市资源承载力也随之演进，因此，对城市综合资源承载力需要展开动态的评价。评价指标体系要能反映城市资源承载力的演进同这些城市演进之间的协调程度，为实现资源的可持续利用和城市可持续发展提供依据。同时，在一定时期内，城市资源承载力又具有静态性的特征，是相对稳定的一个概念，评价指标体系在反映承载力动态性的同时也应该具有静态性的特点。

第五，可比性和可量化性原则。城市资源承载力的可比性主要是指对城市各资源要素的状态同横向先进地区的差距或者可取之处进行对比，在构建评价指标体系的时候要注意所选指标的涵义、测量标准和方法、统计口径和适用范围对不同区域必须一致，做到同其他指标体系之间具有可比性，尽量采用方法统一、数据较齐全的通用指标，同时，还要考虑到所选研究区域历史上的纵向可比性问题，保证指标体系符合横向和纵向两个方面的可比性原则。所选择的指标，可以按照统一的测量标准和方法进行度量，便于量化。

第六，定性分析和定量研究相结合的原则。定性分析主要是从评价的目的和原则出发，考虑评价指标的充分性、可行性、稳定性、必要性以及指标与评价方法的协调性等因素，由系统分析人员和决策者主观确定指标和指标结构的过程。定量研究则是指通过一系列检验，使指标体系更加科学，重点验证指标的重要性、必要性、可行性和正确性。

3.3.3 城市资源承载力评价指标体系

关于承载力的研究近年来在我国发展迅速。曾维华等（1998）在湄洲湾开发区规划中选择五种主要资源环境限制因子作为环境承载力分量[91]。薛小杰等（2000）运用多目标规划的方法对西安市水资源承载力进行评价，建立了水资源承载力的多目标核心模型[92]。毛汉英等（2001）在研究中运用状态空间法将区域承载力刻画为资源承载力、环境承载力、人类活动构成的三维空间状态，进而定量地描述和测度区域承载力与承载状态[93]。潘东旭等（2003）运用主成分分析方法对徐州市资源环境承载力进行研究，并从区域承载力的消耗、支撑以及区际交流三个方面选取指标构建起区域承载力评价的因子体系[94]。李岩（2010）采用主成分分析方法对区域资源与环境综合承载力进行了量化研究，构造了资源与环境综合承载力量化模型[95]。范秋芳等（2013）运用均方差分析法针对黄河三角洲高效生态经济区城市群的城市综合承载力展开研究，选取了土地、水资源、交通、科教、医疗服务承载力等方面的指标，构建了城市综合承载力评价指标体系[96]。

纵观关于城市承载力的研究，主要呈现以下趋势：由早期集中于单要素的城市物质和经济结构对城市承载力的测算上逐渐发展为针对城市资源、环境、经济、社会等诸要素综合体的综合评价。并且现有研究所关注的城市物质和经济结构主要集中在对城市生态系统承载力、城市交通承载力以及水资源承载力等资源环境和基础设施等硬件因素的研究上。本书在这些研究的基础上，对照城市资源的内涵，同时，对照城市发展的实际，在城市竞争力、可持续发展、产业经济、集聚理论以及城市空间体系等理论的基础上，将城市资源承载力系统分解为土地资源承载力、水资源承载力、交通承载力、科技承载力以及环境承载力五个方面的内容。在每个子系统承载力中，包含压力指标和支撑力指标。压力指标反映的是城市所受到的资源需求压力，考虑到资源要素的有限稀缺性，城市对某一资源要素的需求越大，承受的资源需求压力越强，城市发展则受到更多的制约，越难以提升资源承载力。支撑力指标反映的是城市的资源供给能力，城市对某一资源要素供给越大，城市承压能力则越强，城市未来的发展空间则越大，越容易提升资源承载力。对应每个方面则有相应的更具体的指标。这样就构成了包括目标层、领域层和指标层的城市资源承载力评价指标体系框架（见表3-1）。

表3-1   城市资源承载力评价指标体系

目标层	领域层	指标层
城市资源承载力	土地承载力	单位土地产值
		人均建成区面积（平方千米/人）
		建设用地占市区面积比重（%）
	水资源承载力	人均综合用水量（吨）
		供水总量（万吨）
		用水总量（万吨）
	交通承载力	客运总量（万人）
		货运总量（万吨）
		人均道路面积（平方米）
	科技承载力	科研技术从业人员数（万人）
		教育事业费支出（万元）
		科学事业费支出（万元）
	环境承载力	人均GDP（元）
		工业SO_2排放量（万吨）
		工业固体废物综合利用率（%）

由于城市是一个复杂的人工系统，因此，在构建指标体系时主要选择反映城市对人类社会经济活动支撑能力以及反映人类社

会经济活动对城市环境的压力的指标。本书在城市资源承载力评价指标体系中，所选取的指标既有总量指标也有相对指标。总量指标是某种社会经济现象在一定时空条件下的总规模、总水平或工作总量的综合性指标。如选用供水总量和货运总量这两个总量指标可以反映出城市在一定时期内水资源对城市发展的总体支撑力以及货运对道路的压力。相对指标则是社会经济现象之间在一定的时空条件下规模或者水平数量的对比关系，可以表明这一社会经济现象的相关程度、发展程度，揭示总体内在的结构特征，为深入地分析事物的性质提供依据。如单位土地产值是一定时期内城市地区生产总值与产业用地面积的比值，反映了城市用地效益的高低。在构建的指标体系中，通过采用人均相对指标以消除不同地区之间人口差异的影响，使各指标的真实水平得以体现。具体指标解释如下。

土地承载力包括单位土地产值、人均建成区面积、建设用地占市区面积比重这几项指标。单位土地产值是指城市市区国内生产总值（万元）同市区土地面积（平方千米）的比值，反映的是城市土地效益的高低，影响着城市土地资源承载力的提高；人均建成区面积是指城市行政区内经过征用的土地和实际建设发展起来的非农生产建设地段同城市人口的比值，建成区面积同地理上的城市国土面积不同，是城市建设发展在地域分布上的客观反映，这一指标体现了城市建设用地状况的规模大小对城市居民的容纳情况；建设用地占市区面积比重是建设用地同市区土地总面积的比值，反映的是城市建设用地对土地承载力的压力情况。

水资源承载力包括人均综合用水量、供水总量和用水总量这三项指标。人均综合用水量是指统计期内城市人均总用水量，是城市生产运营用水、居民家庭用水、公共服务用水等用水综合总量同城市用水人口的比值，反映了城市人口用水对水资源环境的压力情况；供水总量是指研究期内城市以各种水源工程（城市范围主要以供水单位）供出的全部水量，包括有效供水量及损失水量，反映了城市水资源供给对水资源承载力的支撑情况；用水总量是指城市内各类用户的毛用水量，反映了城市水资源消耗对水资源承载力的压力，该数值越大，则水资源承载力的压力就越大。

交通承载力包括客运总量、货运总量和人均道路面积这三项指标。客运总量是指在一定时期内，各种运输工具实际运送的人员数量，反映的是运输业为人民生活服务的数量指标，是交通承载力的压力指标；货运总量同客运总量类似，是一定时期内运输工具实际运送的货物数量，反映的是运输业对国民经济服务的数量指标，是交通承载力的压力指标；人均道路面积是按城市人口计算的平均每人拥有的道路面积，反映了城市交通面积是否合理，是交通承载力的容量指标，该数值越大，则说明城市交通设施越完善。

科技承载力包括科研技术从业人员、教育事业费支出和科学事业费支出这三项指标。科研技术从业人员是指城市从事科研技术工作的人员数，反映了城市科研事业发展情况，是科技承载力的容量指标；教育事业费支出是指城市用于发展各种教育事业的经费支出，反映了城市在教育上的投资，该指标越大，则城市科技承载力的潜力越大；科学事业费支出是指城市用于发展和促进各种科学研究事业的经费支出，反映了城市在科学研究事业上的投资，该指标对城市科技承载力有促进作用。

环境承载力包括人均 GDP、工业二氧化硫排放量和工业固体废物综合利用率这三项指标。人均 GDP 是城市生产总值同常住人口的比值，反映了城市经济的发展程度，是环境承载力的压力指标；工业二氧化硫排放量是指企业在燃料燃烧和生产工艺中排出的二氧化硫数量，反映了工业生产对城市环境承载力造成的压力；工业固体废物综合利用率是指工业固体废物综合利用量占工业固体废物产生量的百分率，反映了城市在污染处理上的效率，是环境承载力的支撑指标。

3.3.4 城市资源承载力计量分析方法

动态因子分析法基本原理是通过主成分分析得到的截面分析结果和利用线性回归分析得到的时间序列分析结果进行综合。

给定数组：

$$X(I,J,T) = \{X_{ijt}\} i = 1,2,\cdots,I; j = 1,2,\cdots,J; t = 1,2,\cdots,T$$

$$(3-1)$$

其中，i 代表不同主体；j 代表不同指标；t 代表不同时期。

$X(I, J, T)$ 代表 I 个主体的 $J \times T$ 个观测值，求解其方差或协方差矩阵 S，则 S 可分解为三个相互独立的方差或协方差矩阵的和：

$$S = *S_I + *S_T + S_{IT} \qquad (3-2)$$

其中，$*S_I$ 代表主体静态结构矩阵，表示各主体跨期平均方差或协方差矩阵，反映了各主体独立于时间维度的相对结构差异；$*S_T$ 代表平均动态变化矩阵，表示各时期的平均方差或协方差矩阵，反映了消除个体影响的时间维度的动态差异；S_{IT} 代表单个主体的动态差异矩阵，代表个体和时间交互作用的方差或协方差矩阵，反映了由所有主体总体平均水平变化和单个主体变化所导致的动态差异。

根据式（3-2）的分解式，可得到任意一个指标均可以被分解为以下四个组成部分，具体为：

$$X_{ijt} = X_{\#j\#} + (X_{ij\#} - X_{\#j\#}) + (X_{\#jt} - X_{\#j\#}) + (X_{ijt} - X_{ij\#} - X_{\#jt} + X_{\#j\#})$$

$$(3-3)$$

其中，$X_{\#j\#}$ 代表某一指标的总体平均值；$(X_{ij\#} - X_{\#j\#})$ 代表反映在忽略时间变化的情况下各主体静态结构的影响；（$X_{ijt} - X_{ij\#} - X_{\#jt} + X_{\#j\#}$）则体现了动态变化与个体结构差异交互作用所产生的影响。

式（3-3）称为动态因子分析的模型 1，表示一种双因素方差分析模型。模型将总变异具体分解为以下两个部分：

$$S = (\ast S_I + S_{IT}) + \ast S_T = S_T + \ast S_T \qquad (3-4)$$

$$X_{\#jt} = a_j + b_{jt} + e_{jt} \quad j = 1, 2, \cdots, J; t = 1, 2, \cdots, T \qquad (3-5)$$

式（3-4）中，S_T 是指利用主成分分析产生的各时期平均离差矩阵，$\ast S_T$ 代表通过式（3-5）的线性回归模型所产生的不同时期的变异。同时，式（3-4）分解式是式（3-2）的一种变形，表示静态结构差异和动态变化双重影响下变异的综合。

残差必须满足的条件：

$$\mathrm{cov}(e_{jt}, e_{j't'}) = \begin{cases} w_j, j = j'; t = t' \\ 0, otherwise \end{cases} \qquad (3-6)$$

上述模型解释了在主成分影响下的变量 j 之间的关系。

动态因子分析法具体包括以下七个步骤。

第一步，对指标体系中所有数据 X_{ijt} 进行标准化处理，目的是消除指标量纲的影响。

第二步，依据各个年份的协方差矩阵 $S(t)$，求解出平均协方差矩阵 S_T，平均协方差矩阵 S_T 综合反映了数据静态结构差异和动态变化的影响，具体表现形式如下：

$$S_T = \frac{1}{T} \overset{T}{\underset{t=1}{E}} S(t) \qquad (3-7)$$

第三步，对平均协方差矩阵 S_T 的特征值与特征向量进行求解，从而得出各特征值的方差贡献率、累计方差贡献率。

第四步，提取公因子，并建立原始因子载荷矩阵。

第五步，计算各主体的平均得分矩阵：

$$c_{ih} = (z_i - z_\#) ca_h \qquad (3-8)$$

其中，$z_i = \frac{1}{T} \overset{T}{\underset{t=1}{E}} z_{it}$ 为单个主体的平均向量；$z_{\#} = \frac{1}{I} \overset{I}{\underset{i=1}{E}} z_i$ 为总体平均向量，$z_{it}^c = (z_{i1t}^c, \cdots, z_{ijt}^c)$，$i = 1, 2, \cdots, I$；$t = 1, 2, \cdots, T$。

第六步，计算出各主体的动态得分矩阵：

$$c_{iht} = (z_{it} - z_{\#t}) ca_h \quad h = 1, 2, \cdots, k; t = 1, 2, \cdots, T \quad (3-9)$$

其中，$z_{\#t} = \frac{1}{I} \overset{I}{\underset{t=1}{E}} z_{it}$，$z_{it}$ 是第 t 年各指标的平均值。

第七步，利用各主成分所对应的特征值占所提取主成分对应的总特征值之和的比例，即方差贡献率作为权重，用来计算评价结果 E，$E = \sum d_i f_i$（f_i 是公因子，d_i 是该公因子的贡献率）。

本章小结

在这一章里，主要对资源平衡视角下城市资源承载力对产业结构影响的理论展开研究。

首先，分析了城市资源承载力与产业结构演变之间的相互作用，得出了资源承载力对产业结构的作用始终贯穿于产业结构演变的整个过程之中，而产业结构的演变同时也对资源承载力具有反作用的结论。

其次，在对城市资源承载力与产业结构演变的相互作用分析的基础上，对城市资源承载力对产业结构优化影响的具体机理展开理论研究，并在资源平衡的视角下对城市资源承载力影响产业结构的具体环节作用机理进行分析。得出由于资源的稀缺性以及资源承载力的有限性，经济规模和产业发展规模的扩大并不是可以无限制持续下去的，当规模扩大到一定程度时，由于资源限制所带来的生产成本的增加，通过社会需求、技术创新、贸易和企业进入等环节影响产业结构的结论。

最后，对城市资源承载力的定量评价方法做出介绍，通过分析当前资源承载力的定量方法，根据城市资源承载力的结构框架，建立起城市资源承载力的评价模型，构建了城市资源承载力的评价指标体系，选择了动态因子法作为城市资源承载力定量评价方法，在对区域城市系统的资源承载力现状进行评价的基础上，对区域城市的资源承载力水平进行分析。

第4章 城市产业结构优化

　　我国作为世界第二大经济体，经济建设规模和发展速度都令世人瞩目。但是，我国经济的持续增长是以牺牲了环境为代价的，水、土地、各种矿产资源、能源等重要资源被大量消耗，在经济持续增长的背后是资源的人均占有量长期处于世界平均水平以下，同时，由于庞大的人口总量，以及工业化、城市化的推进，我国资源消耗总量长期高于其他国家。根据"十二五"发展规划，建立资源节约型、环境友好型的经济社会发展环境，仍是未来我国经济社会发展努力的重点方向，如果无视我国资源消耗水平居高不下这一现实情况，不采取措施加以改进，继续放任粗放发展，不仅损害了经济增长的可持续性，同时，与我国经济发展目标以及社会发展大方向也是相违背的。城市作为我国经济发展的重心所在，更是首当其冲地面临这一问题。当前，我国城市发展比以往任何时期都要快。面对日新月异的城市化进程，如何优化城市产业结构并促使其不断升级，是城市发展不得不考虑的现实问题。

　　城市经济的基础最主要的是产业结构，城市发展方式的转变，是城市发展观念、结构等多元形态变化的过程，发达国家的城市经济发展历程表明，产业结构的变化一直随着城市的发展而发生变动，在城市产生的初期或者前期，第一产业不断减少，第二产业急剧增加，并成为城市的主导和支柱产业；随着城市生产力的发展和科学技术的进步，第三产业得到迅速发展并代替第二产业成为城市主导产业；当第三产业发展到一定水平，其比重超过第二产业时，城市发展进入一个新的时期。在城市化和工业化的进程中，产业结构必须不断地适应社会经济状态的变化，从而推动经济的持续发展，因此，产业结构优化升级是城市经济发展中的重要手段和必经途径。产业结构优化升级与城市经济实力的持续提升是相互作用、良性互动的过程。城市要实现跨越式发展，就要求通过生产力的重新组合，资源的合理配置，通过产业结构优化升级，提升城市的竞争力。城市的产业结构是城市生产力结构中的重要组成部分。城市产业结构理论要解决的就是在一个广大范围的地域空间中，经济系统应以怎样的比例分享资源以及对其他产业部门和最终消费领域提供产品。结合城市资源承载力的研究可以看出，城市的资源和环境禀赋决定了城市发展的基础条件，城市资源承载力在一定程度上约束了城市的发展规模，但由于城市资源承载力具有动态性，城市通过降低对资源的单位消耗，或者通过提供更多的资源，城市资源承载力也会相应地产生动态变化。而合理、优化的城市产业结构，是提升城市资源利用效率、合理进行资源配置的必备条件，也是城市全面发展的基础保障。

长期以来，我国产业结构经历多次调整，但产业结构调整成效并不明显。那么究竟产业结构优化的影响因素是什么？这些影响因素对产业结构优化造成了什么样的影响？产业结构的不优化对经济增长会造成什么样的影响？资源平衡视角下的城市产业结构优化应该是怎样的模式？如何对产业结构优化程度作出定量的测度？本章主要尝试对这些问题作出探讨，从而科学地辨识城市产业结构的优化程度，以期对城市产业结构优化升级的方向和城市发展方式转变做出指导。

4.1 产业结构优化的影响因素

在针对产业结构优化展开研究之前，对产业结构优化问题的研究，首先应该分析其影响因素，从中找出产业结构优化的主要影响因素，在此基础上，才能有针对地提出产业结构优化的模式和提升路径。国内关于产业结构优化问题的研究，也开始由最初"是什么"向"为什么"转变，即学者们开始更多地关注产业结构优化的影响因素。郭鸿懋在 1984 年最早完整地论述了产业结构影响因素，他认为产业结构不是由人为的主观意愿决定的，而是由一系列客观因素，或者说是由其他的经济结构所决定的，其中主要是生产力结构、需求结构和分配结构这三方面因素在产业结构形成中的地位所决定的，其中，生产力结构是产业结构确定的客观条件，需求结构是产业结构确定的目的，分配结构则是为实现需求结构这一目的所采取的手段[97]。此后，很多学者运用定量的方法对产业结构优化的影响因素展开了研究。贺菊煌（1991）运用投入产出的方法对产业结构优化的影响因素进行分析，认为一定时期的产业结构取决于该时期的技术结构和最终需求结构[98]。王燕飞、曾国平（2006）运用两两 Granger 因果检验对外商直接投资、就业结构以及产值结构进行研究分析，发现外商直接投资对产业结构优化有积极推动作用[99]。高俊光、于渤等（2007）通过深圳市产业结构调整历程的实证分析，得出产业技术创新、高科技产业以及高科技产业集群协同发展推动了产业结构优化的结论[100]。张文、孙林岩等（2009）运用面板数据分析经济发展水平、外商直接投资和创新这几大因素对我国产业结构演变的影响，认为外商直接投资和创新水平是引起产业结构变动的主要因素[101]。综合这些学者的研究来看，本书认为，促进城市产业结构系统演进及优化的因素可以进一步归纳为：供给因素、需求因素和环境因素[102]。这三方面的因素在之前学者的研究中均有所涵盖。从静态来看，在一定的时点内，产业结构的状态受到其决定性影响因素的共同影响，供给因素、需求因素和环境因素共同作用并达到均衡的结果；动态上来看，产业结构优化的整个过程实质上是通过对产业结构调整，不断适应产业结构影响因素变动的过程。所以在针对产业结构优化展开研究之前，首先要对产业结构优化的影响因素进行分析。城市产业结构优化包括城市产业结构的合理化、高度化以及协调化，这三个方面的内容受到供给、需求和环境因素的共同影响，供给因素和环境因素是产业结构优化推动力，而需求因素则是产业结构优化的拉力，供给、需求和环境因素除了直接影响于产业结构优化之外，同时还间接地对产业结构优化产生影响。

随着城市社会经济的发展，城市人口的增加，城市对城市资源的需求也随之提升，而城市在此时要继续保持发展状态，则需要提高供给能力以维持城市正常运行。对产业而言，城市对产业的供给要素主要包括科学技术供给、自然资源的供给、资金以及人力资源的供给等。要素的供给量关系到产业的发展方向，城市资源要素供给能力的变化影响着城市内产业结构的变动。与此同时，城市的需求也会发生变化。不同产业之间的生产率增长速度和需求扩张的速度是不同的，只要产业结构的变化能适应需求的变化和更有效地对技术加以利用（主要表现为劳动和资本等投入要素从生产率较低的部门向生产率较高的部门转移）就会加速经济增长[103]。需求因素是产业结构系统对外输出的各种产品，主要包括投资需求、消费需求、贸易需求等。需求因素从规模和结构两个方面对产业结构优化造成影响，需求的规模影响着产业结构的合理化，需求规模过小，则不利于建立起完整的产业体系；而需求结构层次的高低则影响着产业结构的高度化。社会生产的最终目的是为了满足各种需求，包括投资和消费两个方面的需求，对于一个封闭的区域系统来讲，其中还存在着同其他区域之间的贸易需求。投资需求决定了产业发展所需的各种资源要素的规模；消费需求则对投资需求流量以及资本的存量效率产生影响，进而对产业结构产生影响；贸易需求则通过不同区域间资源和产品的流动，对城市的供给能力造成影响，进而促进产业结构变动。厂商根据需求的总量和需求结构的变动，调整所提供的产品的类型、数量和层次，进而引起产业的收缩或者扩张，这一调整决定了一个产业是兴起还是衰退，最终形成产业结构的变动。

环境因素主要是指除供给因素和需求因素外的其他一些因素，如产业结构发展模式、政治制度及政府的产业政策，这些因素对产业结构的演进过程都有一定程度的影响。一般而言，在许多有关产业发展模型中，制度、政策与发展模式这类人为因素是被排除在外的，即将制度视为已知的、既定的"外生变量"，主要是通过各种物质生产要素的变化去分析产业结构的变化。在道格拉斯·诺斯（Douglass C. North）看来，却正是一系列制度方面的变化给产业革命这一根本性的变革铺平了道路，诺斯认为，产业革命作为人类历史上第二次经济革命，是一系列因素长期发展、变化所带来的渐进性的结果。制度的变迁才是历史演进的源泉，也是产业结构演变的重要推动因素[104]。各国在工业化发展中的不同进程决定了产业结构的不同发展模式。在发达的市场经济中，是纯粹市场型的产业结构发展模式；市场经济体制后起工业国一般采用干预型产业结构发展模式；苏联和改革开放前的我国长期实践的是计划型模式。另外，产业结构政策还受到政府产业政策的直接影响，为了实现政府制定的经济发展目标，政府常通过制定产业发展战略和政策来鼓励或限制某些产业的发展，产业结构因此而相应变动。政府通过产业政策的干预，引导生产要素向某些产业倾斜，从而使区域产业结构向经济发展的目标方向演进，从而导致产业结构的优化和升级。

4.2 资源平衡对产业结构优化的影响机制

4.2.1 资源平衡同产业结构的相互关系

资源的平衡过程其实质是资源配置的过程。由于资源具有稀缺性，任何一个社会或者组织都必须通过一定的方式将有限的资源合理地分配到社会或者组织的各个领域中去，从而实现资源的最佳利用。资源平衡的目的就是以最少的资源消耗获得最佳的效益。在城市这一范围内，城市内各种资源根据用途的不同，资源配置主要体现在以下几个方面：一是资源在城市内不同产业部门之间的配置；二是资源在同一产业内部不同企业之间的配置；三是资源在企业内部的最优使用；四是资源在不同的经济主体之间的配置[105]。从宏观层面来看，资源平衡就是在市场经济运行机制下，通过具体的制度安排协调各个产业部门的利益关系，在适当突出重点的情况下，通过合理的产业发展战略及产业政策对产业结构进行调整，实现国民经济总量的价值最大化。从微观层面来看，企业为了实现自身的健康发展，也需要根据自身具体实际情况合理地进行资源分配，通过技术和管理上的创新对企业内部各类资源的分配和使用进行重新安排，从而保证企业各个方面的协调发展。总之，资源平衡是指有限的资源在满足生产、社会生活的同时，为实现可持续发展目标的要求而对资源进行的合理有效的使用。

一种资源可能存在多种用途，而不同的资源可能为生产同一种产品服务。资源平衡要解决的问题就是如何通过有效地分配和使用资源，如何有效地提升资源的利用效率来促进资源对社会经济活动的承载能力。这一问题源于两方面的考虑：一是资源的有限性，即资源的稀缺性特征；二是资源的可替代性，即一种资源可以用于不同的用途。正是由于资源的可替代性，如何在不同的用途中对某种资源进行分配和使用是人们在进行资源配置时要解决的问题。而人们对资源进行配置也源于资源的稀缺性，当对某种资源的需求越大，该种资源的稀缺性也越加明显，此时，该种资源的价值体现也越来越大。如果某种资源可以无限度地满足人们的需求，那么这种资源就无须进行配置，资源也不具有价值。随着人类文明的发展，尤其是进入工业化社会之后，社会产品越来越丰富，资源的利用效率也越来越高。同时，人们对资源的需求也开始膨胀，需求和资源的稀缺性之间的矛盾也开始凸显，资源的价值越来越大。而资源平衡通过资源配置使稀缺的资源能够保持最佳的比例关系和价值取向，提高资源的利用效率，满足人们不断增长的需求。在资源平衡对资源的配置过程中，产业生产部门对资源的选择和加工决定了所生产产品的构成，各种资源在生产过程中构成的相互联系和相互影响的数量比例关系又构成了我们所讲的产业结构。在这其中，资源转化成为产品和服务离不开技术的支撑，技术是资源转化的工具，因此，资源配置过程中必然伴随着技术的选择。资源配置的水平依赖于技术的水平，而资源平衡过程中为更合理地配置资源必然伴随着技术水平的提升。如在新中国成立之初通过技术引进，实现了对资源的初次配置，形成了我国工业化的格局，基本确立起我国的工业化体系。

而在 1978 年改革开放以后，随着技术的引进、吸收、创新，通过资源的增量和存量调整，实现了资源的再次配置，资源的配置水平得到了提升，促成了我国产业结构中轻纺工业规模的缩小以及重工业规模的增大，形成了新的产业结构体系。从我国产业实践的这一历程中又可以看出，通过技术的进步，资源配置水平的提升同产业结构升级是紧密联系的。而在资源平衡的过程中，为了实现资源平衡的目的，所带来的新的技术应用、资源的重新分配和使用，最终也会引起产业结构的变动。

4.2.2　资源平衡影响机制分析

　　资源平衡对产业结构优化的影响机制既包含了政府行为对产业结构的干预，也包含了企业自身的行为。政府行为对产业影响的干预主要有两个方面的内容：一是通过产业政策对产业间的资源进行整合，通过对资源的优化配置实现资源平衡的目标。二是对企业行为的影响上，对企业行为的影响通过直接作用和间接作用来实现，直接作用体现在对企业直接投资，提升其创新能力，实现资源配置结构的优化，或者在关键行业和重要领域直接扶持实现；间接作用则主要通过制定和实施相应的产业政策诱导企业行为，进而实现资源配置。企业作为经济活动的基本单位，企业的行为受利益驱使。企业通过不断进行技术的引进、吸收和创新，提升自身的市场竞争力，进行业务流程的再造，通过企业的兼并、重组等，实现资源的重新配置。政府和企业作为资源配置的主体，不论是政府的产业政策还是企业行为都会带来原有资源配置的变动。当政府为了平衡资源而对产业结构进行干预时，企业在利益的驱动下，为了确定其在市场的竞争优势就必须追求产品的差异化和高附加值，这必然会带来技术上的提升。与此同时，企业通过兼并、重组等业务流程的再造，进一步引导了资源的整合方向，实现了资源的集约化开发和利用。政府所确立的发展目标必须通过企业的创造才能实现，因此，政府通过对企业的投资、扶持或者直接参与国有企业的生产经营活动，引导其他企业的经营活动，实现资源的整合和优化配置。

资源平衡视角下的产业结构优化同时还受到外部环境的影响，主要的影响因素有资源禀赋、社会环境等条件的支持以及可持续发展目标的要求。在城市系统中，城市的资源禀赋条件不仅包括自然资源的情况，还包括城市社会资源的影响，如人力资源、城市设施等。在资源平衡的目标下，城市进行产业结构的关键是如何综合考量城市的资源禀赋进行合理的资源配置。城市中科教、金融等条件的支持能力，则是优化城市产业结构、对城市资源进行合理配置的重要保障。城市产业结构的优化，不仅要考虑经济效应和社会效应，还应当在可持续发展的目标下考虑生态效应、环境效应。随着经济的发展和产业发展进程的加快，资源、人口、环境之间的矛盾在城市这一空间尤为突出，资源平衡视角下的产业结构优化的方向选择上要缓解并解决这些矛盾，实现资源的合理、有效利用，实现人同自然的和谐发展。

资源平衡导致资源的供给和需求结构的变动，促进了资源的合理配置，实现了资源承载力的变化。而资源的重新配置则在宏观层面上体现为城市产业内部、产业和产业之间的数量比例的变化，带来产业结构上的变动。资源平衡的过程最终体现在实现产业结构优化，促进各产业之间相互协调发展，实现最佳的经济效益和社会效益。从系统科学的角度来看，国民经济系统可以看成是一个资源配置与资源转化的系统，通过产业活动实现这一转化系统运行。一方面，系统外部的各种要素资源通过资源配置作为系统的输入进入产业；另一方面，产业又通过资源转换功能将所吸收的各种资源要素转换成为市场上的产品作为系统的输出。这其中，各个产业部门的比例和数量关系则构成了产业结构。而为了平衡资源所带来的更高层次的资源配置方式，那些资源配置效率低、资源转换能力差的产业部门可能会被收缩规模甚至是淘汰，产业部门的变化最终会导致整个产业结构的变动，所以资源平衡的过程中所带来的更高层次的资源配置会实现产业结构的优化。

4.3 产业结构优化测度模型和方法

4.3.1 城市产业结构优化测度的必要性及方法选择

4.3.1.1 必要性

产业结构优化主要是指产业结构的高度化、合理化。产业结构作为经济发展水平的集中体现，是经济增长的基本动力[106]。产业结构的优化是转变经济发展方式的关键环节[107]。产业结构的高度化过程，就是随着技术进步和生产社会化程度的提高，不断提高产业结构作为资源转换器的效能和效益的过程[108]。产业结构的合理化，从微观的企业层面上来讲，是企业产品结构、组织结构的调整以及生产、管理方式转变的体现；从宏观的产业层面上来讲，产业结构的合理化体现在产业结构比例协调、结构有序变动、资源效率的提高和产业布局合理上。产业结构优化的目的表现在两个方面：高度化是解决资源配置的供需平衡问题，合理化则侧重于解决资源配置的效率问题。即产业结构的高度化就是通过产业结构优化消除结构上的短缺或者过剩，实现市场的供需平衡；产业结构的合理化提升资源的配置效率，促进资源向资源转换效率高的部门转移，提升产业的竞争力。

从近现代各国经济发展史来看，产业结构的演进是任何一个国家或者地区在经济发展的过程中都不可避免的发展过程。在产业结构演进中，产业结构必须不断地适应社会经济状态的变化以实现自身的合理化并逐步向高级化的方向发展，由此推动经济的持续发展。因此，优化、高效的产业结构是社会经济全面发展的必备条件。对城市而言，城市产业结构的优化升级是城市经济发展的重要手段和必经途径，城市的快速发展又对产业结构优化发挥了重要的拉动作用。同时，产业结构优化推动了城市职能结构、城市空间结构演化以及城市化进程的加速，在当前我国强力推进新型城镇化战略背景下，城市面临着由城镇化而带来的劳动力、资源、资本以及技术等产业要素的变动，必然会引发城市产业结构的巨大调整。如果能够准确地对产业结构优化进行定量的测度，有助于我们科学地辨识城市产业结构的优化程度，并随着经济形势和环境因素的改变而不断地修改政策引导方向，为城市产业结构优化升级提供有效的指导，促进城市快速发展。

4.3.1.2 测度方法的选择

城市作为区域经济发展的中心，在国民经济发展中占有重要的战略地位，城市产业结构问题自 20 世纪 80 年代起就得到了广泛的关注，学者们对此进行了大量的研究。如陈荣达、楼远（2006）运用灰色关联分析对温州产业结构的合理化进行了评估[109]；原毅军（1991）构造了"产业失衡度"这个指标计算了不同时期我国五大产业之间的比例关系，并通过回归分析指出产业结构失衡导致了各产业增长率和经济增长率下降[110]；王文森（2007）利用"产业结构相似系数"对广东地区具有代表性的城市产业结构、就业结构、GDP 结构进行了测度分析[111]；沙景华运用因子分析方法对东北地区 12 座资源城市的产业结构转换能力进行了分析，提出了资源型城市产业结构转换升级的对策建议；姜照华等（2001）基于可持续发展的四个基本要求，从投入—产出分析入手构建了产业结构动态多目标的优化模型[112]；段志刚应用可计算的一般均衡模型，以北京市为例，构建了区域一般均衡模型（CGE），从实证的角度对城市产业结构优化及影响效应进行了分析。通过对相关文献的整理可以看出，不同的学者从多种视角，通过定量的模型方法，探讨了城市产业结构优化的测度。对城市产业结构优化的评价，通常做法是根据国内外相关研究成果，遵循一定的原则构造和抽取一定的评价指标集，建立起产业结构优化的评价指标体系。

对城市产业结构的定量研究是指导城市产业结构优化的重要依据。但就现有的测度体系来看存在测度指标简单的问题，不能很好地反映产业结构优化的内涵。而且现有的研究多针对单一城市产业结构优化进行测度，没有考虑城市和城市之间产业结构的分工协作。城市产业结构作为一个开放性的系统，产业结构优化不仅同城市自身资源禀赋有关，而且同城市社会经济各种生产要素互补性输入有机结合的密切程度，以及城市整体功能等要素、城市之间的产业分工协作等都密切相关，城市产业结构是一个受到众多因素影响的综合系统性概念。

因此，本书在对城市产业结构优化进行定量研究时，首先选用在评价若干具有多项同质投入、产出项目的生产部门相对效率时具有明显优势的数据包络分析方法，对城市产业结构优化程度的历史演进进行纵向的测度，通过运用 DEA 模型，对一定时期研究区内产业结构的优化程度进行评价和比较，从而明晰研究区域城市产业结构优化的动态演进过程。进而在对城市产业结构优化的演进过程进行纵向测度的基础上，运用因子分析的多指标综合评价方法，对不同城市之间产业结构优化程度进行测度、对比，最终结合纵向和横向的评价结果为产业结构优化提供参考。

4.3.2 城市产业结构优化的纵向测度模型与方法

4.3.2.1 评判方法

数据包络分析（the data envelopment analysis，DEA）是 1978 年由美国著名的运筹学专家查恩斯（A. Charnes）和库珀（W. W. Cooper）等学者，以相对效率概念为基础发展起来的一种效率评价方法。DEA 方法适用于多输出—多输入的有效性综合评价问题，DEA 方法利用决策单元输入输出的实际数据求得最优权重，具有很强的客观性，在处理多输出—多输入的有效性评价方面具有绝对优势。DEA 方法通过投影方法，可以为决策者提供众多有效的管理信息，从而在计划中有效而且有目的地确定减少投入指标或提高产出指标的数量。其基本模型为 C^2R 和 C^2GS，C^2R 同时针对规模有效性与技术有效性而言的"总体"有效性，C^2GS 则只针对技术有效性，C^2R 模型包括输入导向模型（D 模型）和输出导向模型（P 模型），前者是指产出不变寻求最小投入，后者是指投入一定寻求最大产出。本书进行产业结构优化的测度选用针对规模有效性与技术有效性的 C^2R 模型，同时进一步选择投入型（D 模型）：

$$(p)\begin{cases} \min\left[\theta - \varepsilon(e_m^t s^- + e_c^T s^+)\right] = V_p(\varepsilon) \\ \text{s. t. } \displaystyle\sum_{j=1}^{n} \lambda_j x_j + s^- = \theta x_0 \\ \displaystyle\sum_{j=1}^{n} \lambda_j y_j - s^+ = y_0 \\ \lambda_j \geqslant 0, j = 1, \cdots, n \\ s^+ \geqslant 0 \\ s^- \geqslant 0 \end{cases} \quad (4-1)$$

其中，$x_j = (x_{j1}, x_{j2}, \cdots, x_{jm})$ 和 $y_j = (y_{j1}, y_{j2}, \cdots, y_{jn})$ 分别是第 j 个决策单元的输入、输出向量。非阿基米德无穷小 e 是一个小于任何正数而大于零的数，在实际应用中常取足够小的一个正数。s^-、s^+ 为加入的评价综合效率、规模收益、投入冗余、产出不足的松弛变量。θ 为产业结构的相对效率，反映产业资源投入相对产出的有效利用程度，θ 越大，表示资源配置越合理，反之则表示资源浪费程度越高。若模型存在最优解 θ^*、s^{*-}、s^{*+}、λ^*，其评价标准为：

若 $\theta = 1$，且 $s^- \neq 0$，$s^+ \neq 0$，则 DMU_j 为弱 DEA 有效，说明在 n 个决策单元组成的经济系统中，对于 DMU_j 投入 x_0 可减少 s^- 而保持产出 y_0 不变，或者投入 x_0 不变的情况下可将产出提高 s^+。说明已接近相对最优状态，但尚有改进的余地。

若 $\theta = 1$，且 $s^- = 0$，$s^+ = 0$，则 DMU_j 为 DEA 有效，说明在决策单元组成的经济系统中，对于 DMU_j 原投入 x_0 不变的基础上，获得的产出 y_0 为最优，没有因投入多余而造成资源上的浪费，也没有因产出不足而导致资源分配上的效率损失，说明该决策单元产业发展为最优状态。

若 $\theta < 1$，则 DMU_j 为 DEA 无效，说明同经济系统中其他被评价的决策单元相比，DMU_j 未达到最优状态。对于 DMU_j，投入减少至原投入 x_0 的 θ 比例而保持原产出不变。θ 值越小，一般说明其相对有效性越低。

设 DMU_j 的规模收益值 $k = \sum_{j=1}^{n} \lambda_j$，则有：

若 $k = 1$，则 DMU_j 规模收益不变，DMU_j 达到最大产出规模点；DMU_j 规模收益不变，表明 DMU_j 投资规模最佳。

若 $k < 1$，则 DMU_j 规模收益递增，且 k 值越小，规模递增趋势越大，表明 DMU_j 在原投入的基础上，增加投入量，那么产出

将有更高比例增加。

若 $k>1$，则 DMU_j 规模收益递减，k 值越大，规模递减的趋势越大，表明 DMU_j 通过在原投入的基础上无论增加多少投入量都不可能带来更高比例的产出增加，此时没有必要再增加决策单元投入。

投入冗余率是 DMU_j 中各分量的松弛变量值 s^{j-} 与对应指标分量 x_{ij} 的比值，表示的是指标分量 X_{ij} 的投入可节省投入的比例。产出不足率是 DMU_j 中各分量的剩余变量 s^{j+} 与对应指标分量 y_{ij} 的比值，表示的是指标分量 y_{ij} 的产出可提升比例。通过对经济系统中各个年份的投入冗余率和产出不足率进行比较，动态地反映出该经济系统中可以调整和改善的方面。

4.3.2.2 指标体系

产业结构优化与产业的规模、产业结构以及产业效率效益息息相关，单一的指标无法对产业结构优化进行科学描述。因此，根据城市产业的经济发展阶段，综合考虑城市产业发展的劳动力、资金投入以及城市资源承载特点，构建包括 6 个投入指标、4 个产出指标的城市产业结构优化纵向测度指标体系。根据 DEA 模型的基本要求，指标体系的数量小于决策单元的一半，适合进行数据包络分析。评判指标体系如表 4-1 所示。

表 4-1　　　城市产业结构优化纵向评判指标体系

目标层	标准层	指标层
产业结构优化纵向评判	投入指标	第一产业就业人数 第二产业就业人数 第三产业就业人数 固定资产投资额 农作物播种面积 能源消费总量

续表

目标层	标准层	指标层
产业结构优化纵向评判	产出指标	第一产业增加值 第二产业增加值 第三产业增加值 地方财政收入

4.3.3　城市产业结构优化的横向测度的模型与方法

4.3.3.1　评价方法

因子分析（factor analysis）就是用少数几个因子来描述许多指标或因素之间的联系，以较少几个因子来反映原资料的大部分信息的统计学分析方法。从数学角度来看，主成分分析是一种化繁为简的降维处理技术。因子分析通过分解原始变量，从中归纳出潜在类别，将相关性较强的指标归为一类，每一类变量代表一个公因子，而不同变量之间的相关性较小。

定义考核指标 x_1，x_2，x_3，$\cdots$，x_p 的样板观察地理数据矩阵 X，则有：

$$X = \begin{bmatrix} x_{11} & x_{12} & \cdots & x_{1p} \\ x_{21} & x_{22} & \cdots & x_{2p} \\ \vdots & \vdots & \vdots & \vdots \\ x_{n1} & x_{n2} & \cdots & x_{np} \end{bmatrix} \qquad (4-2)$$

其中，n 为地理样本个数，每个样本共有 p 个变量。

考虑到指标在数量级或量纲上的差异，在因子分析前，为使不同指标具有整合和可比性，需要对变量进行标准化处理，以消除各个变量在数量级或量纲上的不同。

假定标准化后的变量为 z_1，z_2，z_3，$\cdots$，z_p。因子 F_1，F_2，F_3，$\cdots$，F_p 线性表示为：

$$Z_j = a_{j1}F_1 + a_{j2}F_2 + \cdots + a_{jp}F_p (j = 1, 2, \cdots, p) \quad (4-3)$$

其中，a_{ij}（$i, j = 1, 2, 3, \cdots, p$）所构成的矩阵 A 为因子载荷矩阵。

假定式（4-3）中 p 个因子是按照各个因子的方差贡献率由大到小排列，我们一般根据方差贡献率 $\dfrac{\sum_{k=1}^{m} \lambda_k}{\sum_{k=1}^{p} \lambda_k}$ 在85%以上的标准来确定 m，选择 m 个方差贡献率在85%以上的因子，此时则有因子模型：

$$Z_j = a_{j1}F_1 + a_{j2}F_2 + \cdots + a_{jm}F_m + e_j \quad (4-4)$$

其中，F 为主因子，e_1，e_2，$\cdots$，e_p 是误差项，通过计算可以得到因子载荷矩阵 A。

4.3.3.2 指标体系

评价指标的选取是建立评价指标体系的前提和关键，指标体系的优劣主要是看指标的选择。本书在城市产业结构优化的横向评价指标的选取上，利用频度统计的方法。频度统计法是通过对相关研究的评价研究报告、文献进行频度统计，选取使用频度较高的若干指标构建指标体系。本书基于频度统计法，对产业结构优化的相关文献进行频度统计，按照城市产业结构合理化、高度化、协调化的标准选取了12个指标构建了城市产业结构优化的横向评价指标体系（见表4-2）。

表4-2 　　　　　　　城市产业结构优化横向评价指标体系

目标层	标准层	指标层
产业结构优化横向评价	产业结构合理化	非农产业劳动生产率 工业增加值率 企业主营业务收益率 土地产出率 能源生产效率

目标层	标准层	指标层
产业结构优化横向评价	产业结构高度化	服务业发展指数 科研经费投入指数 FDI 影响系数 非农产业结构指数
	产业结构协调化	产业结构升级指数 产业专业化指数

关于产业结构合理化的评价指标选取的是非农产业生产率、工业增加值率、企业主营业务利润率、土地产出率、能源生产效率 5 个指标，指标具体解释如下。

（1）非农产业生产率。非农产业生产率是城市非农产业增加值同非农产业从业人数的比值，指的是非农产业生产中的产品产量与生产产品所投入量之间的比例，是反映城市非农产业生产的生产技术水平、管理水平以及技术熟练程度和劳动积极性的重要指标。该指标越高，则生产效率和经济效益越高。

（2）工业增加值率。工业增加值率是城市工业增加值同工业总产值的比值，反映了投入产出的效果，代表了城市工业降低中间消耗的经济效益水平，是一个地区工业企业盈利水平和发展水平的综合体现。工业增加值率越高，则工业附加值越高、盈利水平越高，工业投入产出的效果越好。

（3）主营业务收益率。主营业务收益率是规模以上工业利润总额与主营业务收入净额的比值，表示每单位主营业务收入可以带来多少主营业务利润，反映了降低成本的经济效益水平。该指标越高，则产品附加值越高，主营市场竞争力越强，获利水平越高。

（4）土地产出率。土地产出率是城市国民生产总值同城市建设用地面积的比值，是指城市内建设用地单位面积的经济产出水平。附加值高的产业土地产出一般高于传统产业，是反映城市生产力水平的综合经济指标。该指标越高，则土地的利用效率越高，产业布局越合理。

（5）能源生产效率。能源生产效率是城市国民生产总值同城市能源消耗量的比值，是反映能源消耗水平和节能降耗情况的主要指标，说明了城市经济活动对能源的利用程度。一般来说，第一产业、第三产业的能源生产效率要比第二产业高，反映了城市产业结构状况、能源利用效率等方面的内容。该指标越高，则城市产业能源消耗越低，能源生产效率越高。

关于城市产业结构高度化的评价指标选取的是服务业发展指数、科研经费投入指数、FDI 影响系数、工业外向度系数 4 个指标，指标具体解释如下。

（1）服务业发展指数。服务业发展指数是服务业增加值占产业增加值的比重，这是反映产业结构优化升级的指标，服务业是产业结构升级的未来方向，该指标是衡量产业结构层次高低的重要标准，反映了城市向低资源消耗、高附加值的第三产业转型升级的程度。该指标越高，则城市向第三产业转型升级的程度越高。

（2）科研经费投入指数。科研经费投入指数是城市科学技术支出占财政支出的比重，科学技术是第一生产力，科研经费的分配，用于解决特定的科学和技术问题，反映了城市在科研活动上的投入水平和支持力度。该指标越高，则城市对科研活动的重视程度越高，科学技术提升的机会也越大。

（3）FDI 影响系数。FDI 影响系数是城市 FDI 和当地国民生产总值的比值，FDI 即外商直接投资，是现代资本国际化的主要形式，FDI 对产业结构优化起着积极的推进作用，FDI 通过产业间的关联作用，影响相关产业发展，促进产业结构转换，FDI 影响系数反映城市内以投资为主要内容的产业结构的开放程度。该指标越高，则城市产业结构开放程度越高，在产业优化中更容易补充资金缺口以及引进新技术、促进技术进步。

关于城市产业结构协调度的评价指标选取的是非农产业结构指数、产业结构升级指数以及产业专业化指数 3 个指标，指标具体解释如下。

（1）非农产业结构指数。非农产业结构指数是非农产业增加值比重与就业比重比值的算术平方根，反映的是城市非农产业值结构的协调程度。

（2）产业结构升级指数。产业结构升级指数是不同年份城市三次产业增加值的比重的差值累加和，反映的是城市产业演进的协调程度。

（3）产业专业化指数。产业专业化指数是城市三次产业的就业比重同省域范围内的就业比重的差值累加和，反映了城市产业的比较优势和相对低位的协调程度。

4.4 资源平衡视角下城市产业结构优化模式的选择

4.4.1 产业结构优化模式的经验和启示

自 18 世纪后期英国工业革命以来，世界上发达国家产业结构演进路径大致经历了英美模式、日德模式、新兴工业化模式以及现代工业化模式这四种比较具有代表性的工业化模式[113]。这四种具有代表性的模式之间无论是从时间维度还是各模式核心要素的空间维度来看，都存在着密切相关的联系，都是从产业结构的具体影响因素着手，从供给和需求的角度放松这些影响因素对产业结构的约束条件，从而解决产业结构优化的问题。首先，这四种模式无一例外的都是通过放松影响产业结构优化的需求、供给和环境等影响因素对产业结构的约束，以产业结构的调整来适应这些影响因素的变动。其次，这四种工业化模式是顺序演进的，后一种模式是在前一种模式的基础上继承了前一种模式的合理内容并引入新的内涵而来的。英美的工业化模式是以市场机制为主要特征，日德模式则在英美模式的市场配置资源基础上融入了政府主导的特征，新兴工业化模式则在市场机制和政府主导之上强调发展外向型经济，而现代工业化模式则在新兴工业化的基础上又融入了技术创新，以科学技术和知识经济为产业结构优化的主要推动力。

产业结构优化的基本内容和轨迹实质上就是工业化，上述四种工业化模式实际上就是发达国家产业结构优化的模式，从以上四种模式中可以总结出世界上发达国家在不同阶段工业化的方法和路径，总的来看，主要包括市场调节、政府干预、发展外向型经济以及科技创新这几种手段。而这些方法和路径，都是从改善资源要素和市场对产业结构优化的约束着手，通过有效地配置各种资源，培育和引进更高级的生产要素，提升资源的供给能力，或者是通过出口进而扩大市场规模，提升需求的层次。因此，本书在资源平衡视角下针对城市产业结构优化模式的构建，是在综合考虑城市资源承载力同城市社会经济发展要求的基础之上，包括市场调节、政府干预、发展外向型经济以及科技创新的手段的优化模式。这四种工业化模式对于产业结构优化模式的构建可以带来以下启示。

首先，产业结构优化应当是建立在市场机制配置资源的基础之上的，也就是说，产业结构优化应当充分遵从市场规律。英国和美国的工业化模式，基本都是围绕着市场经济体制而展开，当市场经济发展到一定程度，工业化也自然而然地实现了。这是因为在完善的市场经济机制下，各种资源要素在市场机制下能够进行合理的配置，最终促成产业结构的升级优化。后继的几种模式也都是在建立起一定的适合自身的市场机制后才走上工业化道路。我国市场化改革起步较晚，自改革开放至今仅40年的时间，市场经济体系的构建还不完善，存在一定的缺陷，市场尚不能有效地发挥对资源要素的配置作用，这一缺陷严重地影响了产业结构的优化。因此，在构建产业结构优化模式时，必须进一步深化改革，进一步完善市场经济体制，充分发挥市场对资源要素配置的基础性作用。

其次，政府行为在产业结构优化过程中发挥重要的作用，政府的干预是产业结构优化的一个重要因素，正确的政府干预行为可以有效地弥补市场机制的不足。如德国和日本的工业化模式，就是在一种有效的政府主导下的产业结构优化行为，因为在这些国家由于各方面的原因导致他们没有也无法实行英国和美国那种宽松的自由放任政策。同时，由于市场机制可能存在的缺陷，并不能很好地合理配置生产要素，而政府干预则可以高效地调动国内稀缺的生产要素进行合理的配置，迅速发展起国民经济所需的战略性新兴产业。我国由于在特有的历史条件和社会基本制度下，实行的是社会主义市场经济体制，这一点同西方国家的市场经济有根本上的不同，政府不仅对整个经济运行实行宏观调控，而且整个经济动向同政府调控行为密切相关，因此，在对产业结构优化除了注重发挥市场配置的基础作用外，也不能忽略政府干预行为，政府干预行为应当同市场配置相符合。在国际上，德国、日本以及新加坡等后发经济体政府干预的成功经验是值得在构建产业结构优化模式中积极借鉴的经验。

再次，加大经济的外向型发展力度，发展外向型经济可以加速产业结构优化。从发达国家工业化的经验可以看出，无论是从经济的发展还是产业建设的角度来讲，只有对外开放，才能促进经济规模的扩大和工业化的顺利实施，世界上的发达国家都是通过对外开放，获得了自身发展所需的各种资源、原料、技术和设备等，而发展所需的大量资本，也可以通过对外开放获取外资得以补充。在韩国、新加坡以及中国香港和台湾地区，从 20 世纪 60 年代开始，就是因为推行出口导向型战略，在短期内实现了经济的腾飞，并利用西方发达国家向发展中国家产业转移的机会，吸引了大量的资金和技术，实现了自身的产业结构优化升级。而对于一个区域而言，通过大力发展外向型经济，充分利用外部的要素和市场，是实现产业结构优化的一条捷径。

最后，科技创新对产业结构优化的促进作用也不容忽视，世界上数次比较重要的产业变革，促进了世界产业结构格局发生重大变化，都是在重大的科技革命背景下进行的。在发达国家 200 多年的工业化进程中，科技创新一直扮演着非常重要的角色，在当代，科技创新与产业变革的深度融合是世界发展的突出重点，科技创新已经成为实现经济发展、产业发展等目标的最根本、最关键的力量。世界范围内新的科技革命和产业变革正在孕育突破，科技创新既是抢占新一轮经济发展制高点的关键，同时也是在新的背景下完善产业体系、推动产业结构升级优化的核心内容。我国长期以来产业建设中存在的产业组织结构分散、技术装备和管理水平低、产业发展方式粗放、产业结构总体效益低下等一系列问题，导致了产业结构升级优化缓慢，而这些问题归根结底是由于产业素质不高所造成的。在产业素质中，技术素质是根本，科技创新是核心，科技创新通过新生产技术、新生产装备以及新产品、新能源等的发明和使用，促进产业素质的不断提升，是产业结构优化升级的核心动力，可以说，产业结构升级优化的重点就是通过提升科技创新能力来提升产业素质。

4.4.2 资源平衡视角下城市产业结构的多路径优化模式

世界上发达国家工业化模式的经验表明，产业结构优化的模式实质上是充分发挥市场机制资源配置的基础作用，政府积极有效地对产业结构优化进行干预、引导产业结构调整升级向符合市场规律的方向进行，同时积极发展外向型经济，重视科技创新这四种具体路径。由上一节的分析可以得出，影响产业结构优化的主要因素，是由供给、需求以及环境这三个方面的因素共同作用所决定的。从供给角度来说，产业结构优化受资源要素和科技供给的影响；从需求角度来说，产业结构优化受投资、消费和贸易需求的影响；而政治制度、政府的产业政策和产业结构优化具体的模式则又影响着产业结构优化的环境。所以说，无论从供给、需求还是环境因素对产业结构优化的影响程度来看，都必须通过市场配置、政府干预、发展外向型经济和科技创新这四种具体的路径来实现。在这四种路径中，市场配置和政府干预是对生产要素供给进行配置，是满足各种需求因素的最基本的手段，其中，市场配置不仅有利于提升资源配置的效率，同时，市场中的商品和服务还满足了不同层次的需求；政府干预则能够在市场失灵时有效地接替市场机制进行资源配置，在选择和扶持战略性新兴主导产业时更是可以发挥独特的作用；发展外向型经济通过对外部资源要素的吸引能力，对自身的供给能力造成影响，也可以通过外部市场扩大需求规模、提升需求层次；科技创新可以"内生"高级资源要素，影响资源的供给因素，也可以通过生产或者提供新的商品和服务，影响需求因素。可以看出，这四种路径是相互联系、共同作用的，市场配置和政府干预是基本路径，而发展外向型经济和科技创新则是在前面两种路径的基础之上衍生而来。在这四种路径的相互作用上，市场配置会通过竞争，激励科技创新，市场配置发展到一定程度后对外部资源要素的吸引和外部市场需求的出现，则鼓励了外向型经济的发展；当市场失灵时则需要政府进行干预，政府对科技创新的投入直接关系到科技创新能力的强弱，而发展外向型经济则主要取决于政府的产业政策；发展外向型经济，则通过外商直接投资的技术溢出效应提升科技创新能力。这四种产业结构优化模式的关系如图 4 - 1 所示。

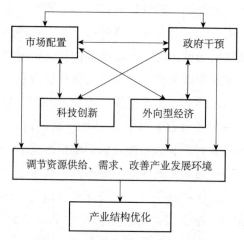

图 4 - 1　产业结构优化多路径模式

从图 4 - 1 中可以看出，无论是市场配置、政府干预还是发展外向型经济或者是科技创新，都可以通过影响资源的供给和需求，改善产业发展环境，实现产业结构优化的目标。这四种具体路径之间相互密切联系并相互影响，最终共同作用于产业结构优化。这四种路径对产业结构优化的影响不是相互孤立，而是互相联系、互相制约。因此，产业结构优化的模式是在这四种具体路径互相融合的基础之上形成的一种多路径模式。在我国产业结构优化的实践中，存在的问题往往也比较复杂，并不是单一影响因素的限制，如资源要素的稀缺、市场规模狭小、需求结构低度化等多个方面的问题都是现实存在的，那么此时选择单一的优化路径的有效性或者说力度不够，单路径的产业结构优化模式是难以奏效的，这也是我国产业结构历经多次调整—失衡—再调整的症结所在。因此，产业结构优化模式的构建，可以借鉴世界上发达经济体各种成功模式中的合理元素，实施多路径模式。产业结构优化的多路径模式具体如下。

一是完善市场机制，强化市场配置。应当在土地利用、矿产资源开发以及能源调配等领域加大市场化改革力度，继续推进国有企业管理体制改革，放宽民营企业准入领域，实施以市场为导向的资源配置机制，发展优势产业。市场最大的功能就是能够合理地配置资源，充分发挥市场的基础性作用，将产业结构优化的主导权交给市场，一方面有利于发展优势产业，化解产能过剩矛盾，依靠市场竞争实现优胜劣汰，扩大资源利用的效率边界；另一方面以完善的市场体系为载体的生产力组织形式，运用市场的手段解决产业结构中存在的各种问题，能够提升居民收入水平，进而提升需求的规模和层次，将会进一步催生出新的产业，丰富产业门类，最终推动产业结构的快速优化。

二是紧密围绕市场，更好地发挥政府作用。在市场主导产业结构优化之外，政府的干预也不可或缺，这也是在中央经济工作会议中提出的"更好发挥政府作用"的要义所在。在产业结构优化中，政府应该改善对整个经济社会的调控能力，在市场机制不能充分发挥作用的时候对产业结构优化进行有效干预，尤其是在选择和扶持主导产业方面发挥作用。"更好发挥"，首先要从产业准入设置、产业发展环境和产业安全等方面充分体现政府职能，其次要在市场建设、监管等方面强化管理。同时，对于过剩产能退出后企业职工的社会保障、技术创新的知识产权保护、技术市场流通等产业结构优化的软环境建设上也需要政府进一步健全公共服务体系。政府的干预，从根本上来说不是左右产业结构优化的方向，而是应当围绕令市场发挥决定性作用而创造环境，构筑起以市场为导向、以企业为主体的产业结构的持续优化之路。

三是加大开放力度，发展外向型经济。在开放经济中，资源要素得以充分流动，经济结构的调整和优化、就业以及各种资源的配置都同涉外经济有关，对外开放是经济结构调整和产业优化升级的主要途径。外向型经济除了在吸收消化外资、技术引进、设备进口上给产业结构优化带来更广阔的空间，同时也引进了竞争，有利于打破垄断格局，触及旧体制改革，促进思想解放和观念的更新，外部市场的高级生产要素和高级需求层次，有助于发展战略性新兴产业和改造传统产业，能够推动市场体系的进一步完善。而劳动密集型产业出口和对外劳务输出，也能有效地缓解就业压力。具体来说，首先是要加大开放力度和范围，在各产业中积极引进外资，开展国际贸易，获取外溢效应；其次是要为外向型经济发展创造良好的法制、体制、行政环境，根据自身优势，提高配套能力，推动本地企业同跨国企业之间的合资合作，注重技术的引进和消化，通过整合资源，调整产业布局，提升对外开放的吸引力。

四是创新驱动发展，提升科技力量。产业结构优化的重点是提升产业素质，关键就是要提高产业的科技创新能力。这就要求在市场导向下着力打造以企业为主体的产学研相结合的技术创新体系。优化科技、教育上的资源配置，完善科技服务，形成知识和技术生产、传播以及应用的高效流动网络。科技创新的主要瓶颈在于人才稀缺的制约，要解决这一问题，一方面要大力发展高等教育产业，另一方面要通过具有吸引力的人才引进政策，吸引更多的人才。在此基础上，加大对科技创新的投入，通过科技力量的提升来放松资源等生产要素对产业结构优化的限制，通过发展高新技术产业，带动其他产业快速发展。

　　产业结构优化的多路径优化模式，应该是上述四种路径为了产业结构优化这一目标，形成的一个有机整体，在这一模式中，产业结构优化的四种具体路径相互渗透、相互影响，但又相互协调地实现产业结构的优化。在传统的规制理论中，认为市场和政府之间是完全对立的，市场和政府的作用是一种相互替代的关系，认为在现实经济活动中市场配置和政府干预之间此消彼长，政府凌驾于市场之上，政府的干预对市场来说是毁灭性的冲击。但通过对发达国家经济演进史的分析来看，政府和市场之间并没有明显的界线。在现实的经济社会中，政府与市场是共存的，各国都存在政府干预经济的现实，其关键在于政府干预的原则和标准是什么，如果政府的干预并不是为了取代市场而是为了让市场更好地发挥作用，那么政府的影响就是有益的。在我国现实的经济活动中，对任何一种资源的配置，都是通过政府和市场合力而实现的。所以产业结构优化一方面要发挥市场在资源配置上的基础性作用，另一方面政府也应当积极对这一过程进行干预，市场和政府两方面同时发力，建立起一种融合的关系，进而更好地减轻资源的约束，促进产业结构优化。

　　就通过发展外向型经济促进区域产业结构优化来看，同样同其他几条具体路径是相互影响的关系，主要表现在：在外向型经济下，投资和贸易变得更加便利和自由，既丰富了市场上各种生产要素的流动，也有利于需求市场的扩大，那么市场对资源的配置将变得更加有效，而国家或者地区为了保证自身利益的最大化又必然会制定相应的政策制度，对投资和贸易活动加以干预，所以说，发展外向型经济和市场配置、政府干预这两种基本路径之间也是密切联系的。具体来看，投资由于资本的逐利性要求必须能够在全球范围内自由的流动，所以市场的力量可以促进资源在全球范围内得到合理的配置，进而促进产业结构优化，但是资本的自由流动可能会带来一系列的问题：资本流入会造成产业垄断、不利的国际分工地位、对东道国的民族产业的挤压；资本的流出则可能带来母国的产业空洞化和产业安稳等问题。所以说，政府一定会对资本的流动加以限制，使资本流动在有利于自身产业结构优化的前提下进行。虽然无论是古典经济学流派还是新古典经济学流派都主张自由贸易，但自由贸易理论没有考虑自由贸易的不对称效应，自由贸易的不对称效应最终会导致产业结构的畸形化和低度化，因此，一个经济体利用市场机制和政府干预相结合的手段，实行适度的贸易保护是十分必要的。发展外向型经济同市场配置、政府干预这两条基本路径的融合才能对产业结构优化产生积极的影响。

由于科技创新的外部经济和不确定性，单纯依赖市场力量不足以对创新产生激励，市场在对科技资源进行配置的时候经常会出现市场失灵。政府通过适当的财税政策，采取对科技创新直接投入、减免科技创新企业的税费以及通过政府采购创新企业产品等手段对科技创新活动进行激励，可以更好地对科技资源配置进行优化，保证科技创新系统的高效运行。同时，科技创新对市场配置和政府干预也会产生影响，如信息技术的成熟和运用，信息传递的完整性和实效性都得到了提升，这样就会使得市场配置、政府干预能够更加精准到位，手段更加完善，在对资源的配置上更加有效率。科技创新对市场结构的改变，也可能出现新的垄断势力造成市场失灵，又促使了政府对其进行更有效的干预。在科技创新和发展外向型经济之间，开放经济条件下的对外投资通常被认为是技术扩散的重要渠道；而科技创新带来的生产力的提升和比较优势，则为对外贸易创造有利的基础和条件，有助于形成有利的贸易结构。同时，贸易对技术进步也产生影响，进口贸易的技术外溢效应促进了技术的进步，出口贸易中的巨大利润则会进一步刺激科技的再创新意识。科技创新同其他路径之间存在着互为因果、相辅相成的关系。

总之，本书所研究的产业结构的多路径优化模式的目的就是在产业结构优化实践中，注重各项产业政策的一致性、同向性和协调性。政府的干预旨在营造公平环境，完善市场机制，对外资企业和内资企业一视同仁，同时，鼓励科技创新以获取更大的溢出效应。在市场失灵、外商投资或者科技创新带来某种产业垄断形势出现之际，政府应当进行及时有效的干预。所有产业结构优化的路径都是为保障产业结构优化的合理、顺利进行。

本章小结

本章主要针对城市产业结构优化展开研究。首先分析了产业结构优化的影响因素。在资源平衡的过程中，资源的重新分配和使用会对影响产业结构优化的需求、供给、环境等因素发挥作用，最终引起产业结构的优化变动。同时，本章对资源平衡影响产业结构优化的机制也做了揭示。

由于产业结构的演进是城市经济发展不可避免的过程，而准确地测度产业结构优化程度可以帮助我们把握城市产业政策的引导方向，有效地指导城市产业结构的优化升级。因此，本章针对产业结构优化的测度模型和方法做了介绍，在梳理了相关针对产业结构优化测度的方法和模型的文献后，本书在前人研究经验的基础上，分别构建了城市产业结构纵向测度和横向测度的模型以及测度方法。然后选用在评价若干具有多项同质投入、产出项目的生产部门相对效率时具有明显优势的数据包络分析方法，对城市产业结构优化程度的历史演进进行纵向的测度，通过运用 DEA

资源平衡视角下城市产业结构优化研究

模型，对一定时期研究区内产业结构的优化程度进行评价和比较，从而明晰研究区域城市产业结构优化的动态演进过程。同时，在对城市产业结构优化的演进过程进行纵向测度的基础上，运用因子分析的多指标综合评价方法，对不同城市之间产业结构优化程度进行测度、对比，最终结合纵向和横向的评价结果为产业结构优化提供参考。

最后通过世界上产业结构优化模式的经验和启示，结合我国的实际情况，构建起资源平衡视角下城市产业结构优化的具体模式——多路径优化模式。

第 5 章 资源平衡与中部城市产业结构优化

　　中部地区在我国产业体系和国民体系建设中做出了重大的历史性贡献。在新的历史条件下，对中部地区城市产业结构优化升级，对于加快转变中部地区发展方式，推进新型工业化和新型城镇化建设，打造中部地区形成区域经济发展新的增长极具有重要意义。

　　中部地区是我国重要的农产品基地，从全国范围来看，东部沿海地区原先富饶的农业地区因为外向型经济的发展，现在已经退出农业生产，而西部地区耕地资源不足，中部地区农业生产具备天然优势。但作为老农业基地，中部地区农业发展也面临着瓶颈问题：一方面，由于农业比较效益低下，农业投资的积极性不高，大量生产要素从农业向非农产业转移，农业基础趋于弱化；另一方面，农业产业化程度不够，农业生产规模小、技术水平低，农业管理体制和运行机制不规范、不健全，农业产业化整体还处在初级阶段。中部地区作为我国二元结构最突出的区域，只有首先形成区域化、规模化、专业化的农业产业化经营，才能真正对二元结构破题。而对产业结构调整优化，是实施农业产业化经营的前提和基础。同时，中部地区又是我国重要的产业原材料基地，是我国传统产业密集区。经过改革开放 40 年的发展，中部地区已经形成了一批对全国国民经济发展具有重要意义的原材料基地，如山西、河南的煤化工基地，江西、湖南的铜基地，湖北的磷化工基地等，是我国工业的根基和命脉。在产业建设尤其是工业建设上，历史上中部地区就是在全国范围内除东部沿海地区以外我国传统工业的主要集聚区，一度领先于西部地区和东三省，振兴老工业基地的重点和难点就在中部地区。即使是现在，中部地区也拥有以农产品深加工为主的轻纺工业、食品工业，以钢铁、汽车为主的装备制造业，以煤炭电力为主的能源工业，以黑色、有色金属冶炼与压延为主的原材料工业等一批优势产业，在全国都具有一定的地位。但随着经济发展和内外部经济环境的变化，中部地区所面临的压力越来越大，一方面，矿产资源日益枯竭，能源、原材料工业增长乏力，另一方面，能源、原材料产业所带来的资源和环境压力也越来越大，过去相当长的一段时期内低效、无序的粗放发展，中部地区普遍存在资源利用率低、能耗高、污染重的问题，这同我国推进节能减排和生态文明建设相违背。

在当前和今后一段时期，是中部地区新型工业化和城镇化加速推进的时期，同时也是我国中部崛起重要战略的关键时期。但就目前来看，中部地区同我国发达地区相比，还存在很大的差距，甚至可以说，中部地区在我国经济整体格局中是"塌陷"的一块，这一塌陷的形成，既有过去国家实行非均衡发展战略造成的影响，也有中部地区自身产业结构的原因，实现中部崛起是当前迫切要解决的问题。中部崛起的必由之路是产业结构调整，只有实现中部地区产业结构优化升级，引入新的生产要素，挖掘出新的增长动力，才能在真正意义上实现中部崛起和区域协调发展。

　　产业结构问题同区域的经济、社会、资源、文化、制度等多方面因素都有关联，在针对中部地区城市产业结构优化展开研究之前都必须对研究区做出全面的了解，只有对中部地区发展状况、资源情况以及产业结构的现状做出清晰而客观的认识，认清中部地区在经济发展、产业发展方面的现实情况和面临的问题，才能针对中部地区城市产业结构优化提出正确而又可行的相关措施和建议。本章从分析中部地区的社会经济、资源现状出发，通过翔实的数据，对中部地区经济社会现实状况做出尽可能科学和客观的概括。

5.1　研究区现状分析

5.1.1　中部地区总体概况

　　中部地区的范围涵盖了我国河南、江西、湖北、湖南、山西、安徽六个省及下属城市。中部地区地处中国中部，向东紧邻长江三角洲，向南紧靠珠江三角洲，向西与成渝经济带相连，向北则与环渤海地区相连。在东部大发展、西部大开发、南部大开放、东北大改造的背景下，中部地区在全国的经济板块中扮演着十分重要的角色。历史上，中部地区基础实力雄厚，拥有一批老工业基地和新兴工业城市，拥有在全国占据重要地位的钢铁、有色金属、纺织、汽车制造等产业，便于东引西进，多方面发展，拥有潜力巨大的市场空间，资源的组合状况和空间匹配条件较好，在承接新一轮国内外转移方面处于一个比较有利的地位。中部地区长期以来担负着我国粮食、能源、原材料等供给重任，中部地区粮食产量约占我国粮食总产量的40%，同时，山西煤炭资

源储量、江西有色金属储量在我国都位于前列，长期以来，中部
地区在我国粮食和能源保障方面，占有重要地位。中部地区土地
面积 102.8 万平方公里，占我国国土总面积的 10.7%。中部地区
总人口 3.61 亿，占全国人口的 28%，创造了我国 18.8% 的国民
生产总值。但在中部崛起战略提出之前，在我国南部大开放、西
部大开发以及振兴东北老工业基地的宏观战略下，中部地区发展
一度处于"塌陷"的落后境地，中部地区经济发展缓慢。直到中
部崛起战略实施以来，随着国内工业化、城镇化的深入发展，区
位一体化程度的加深，中部地区经济发展开始提速，尤其是在
2006～2010 年，中部地区在我国发展格局中的地位逐步上升，反
转的态势已经出现。截至 2012 年末，中部地区人口数 3.59 亿人，
占全国 26.6%，经济发展呈现上升态势，实现国民生产总值由
2006 年的 4.35 万亿元增加到 2012 年的 11.6 万亿元，占当年全
国国民生产总值的 20.1%。①

　　随着我国工业化、城镇化深入发展以及扩大内需的战略全面
实施，中部地区广阔的市场潜力和区位优势得到了国家的重视。
早在 2004 年 3 月，温家宝总理在政府工作报告中首次提出了
"中部崛起"，2006 年，《中共中央 国务院关于促进中部地区崛起
的若干意见》出台，确立了中部地区"三个基地、一个枢纽"的
战略定位，确定中部地区作为我国粮食生产基地、能源原材料基
地、现代装备制造及高技术产业基地以及综合交通运输枢纽的战
略地位。2009 年，《促进中部崛起规划》颁布和实施，规划中明
确提出了要加快形成沿长江、陇海、京广和京九"两横两纵"经
济带，以及推进老工业基地振兴和资源型城市转型的建设任务，
中部崛起战略正式进入高速发展的快车道。

---

① 资料来源：中国经济与社会发展统计数据库。

总体来说，中部地区是我国人口数量较大、资源储量丰富、经济总量较高、区位地位明显的重要区域，是我国未来经济增长的重要一极，中部地区的发展对我国形成区域互动、优势互补、相互促进、共同发展、区域协调发展新格局有重大而深远的意义，同时，也能有效地发挥我国经济整体效率，增强国家内在竞争力。

5.1.2　中部地区资源要素现状分析

5.1.2.1　自然资源

在中部地区六省之中除山西省位于黄土高原外，其余五省都位于长江、淮河两岸。中部地区地处亚热带和暖温带，气候适宜、阳光充足、热量丰富、雨水丰沛、无霜期短，自然条件优越，区域内拥有宜农平原、宜林山地、宜牧草场和宜渔湖泊等多种农业自然生态系统。中部地区六省耕地面积 3 056.6 万公顷，约占全国耕地面积的1/4，耕地比较国土系数2.2，在我国四大地区当中仅次于东部地区，是我国耕地的富集地区。中部地区拥有丰富的水资源，水域面积广阔，全国十大流域长江、黄河、淮河、海河四大水系分布其中，全国五大淡水湖中部地区就占有鄱阳湖、洞庭湖、巢湖三个，水资源总量 4 602 亿立方米，占全国的20%左右，淡水资源与比较国土系数为 1.78，在我国四大地区中居首位，是我国水资源最集中的区域。[①]

适宜的气候条件、优异的水资源和耕地资源为农业发展打下了良好的产业基础，中部地区农、林、牧、渔业非常发达，中部六省中河南、湖北、湖南是我国著名的农业大省和鱼米之乡。具体就农产品而言，中部地区粮食产量占全国产量的30.2%，在全

---

① 资料来源：中华人民共和国国家发展和改革委员会网站公开资料整理。

国四大地区中居首位；棉花产量占全国比重的 26.1%，居四大地区的第三位，但棉花产量比较集中；油料产量占全国比重的42.3%，居四大地区首位，且远超其余地区。中部地区以占全国10.9% 的土地，提供了全国近三成的农产品，长期以来作为我国重要的农产品地区（见表 5-1）。

表 5-1　　　　　　　中部地区主要农产品与其他地区比较

地区	粮食		棉花		油料	
	产量（亿吨）	占全国比重（%）	产量（亿吨）	占全国比重（%）	产量（亿吨）	占全国比重（%）
中部地区	17 251.7	30.2	171.9	26.1	1 398.4	42.3
东部地区	14 315.6	25.1	179.5	27.2	799.9	24.2
西部地区	14 776.5	25.9	306.1	46.5	895.9	27.1
东北地区	10 777.1	18.9	1.3	0.2	212.6	6.4

资料来源：《中国区域经济统计年鉴（2013）》。

在矿产资源上，中部地区是环太平洋成矿带内的重要成矿地区，矿产种类齐全，储量丰富，拥有全国 30% 左右的矿产资源，已探明矿种多达 140 多种，矿产资源在丰度上优于东部，密度上高于西部，开发前景广阔。其中，贵金属、有色金属、稀有金属、黑色金属、能源矿产以及化工原料储量均在我国矿产资源储量中占据较大份额。从价值上来看，中部六省矿产资源总价值约为 24 850.31 亿元，占全国矿产总价值的 43.4%。具体到各省份来看，中部六省矿产资源各具优势，山西煤炭资源条件得天独厚，煤炭储量占据了我国总量的 1/3，是我国重要的能源和原材料基地；湖南有色金属和非金属储量居全国首位，是我国著名的"有色金属之乡"；江西拥有我国最大的铜冶炼基地，铜储量占全国的 1/5，同时，黑色金属、有色金属、贵金属以及稀土资源在我国也有重要的地位。目前，中部六省已形成以江西、湖北、湖南为中心的有色金属基地；以山西、河南、安徽为中心的煤炭基地；以湖北、湖南为中心的磷化矿基地。中部地区丰富的煤炭资源储量，为工业发展提供了可靠的能源支持，丰富的有色金属、黑色金属资源又对冶炼、加工制造业、装备制造业的发展提供了重要的支撑，为中部地区产业发展提供了难以代替的资源优势。从能源分布来看，在石油、天然气、煤炭、水电和火电等能源中，中部地区石油和天然气不占优势，但煤炭、水电、火电占全国比重分别为 40%、31% 和 22%，同其他地区相比优势非常突出，山西省火电发电量占全国比重的 6.3%，堪称我国能源大省。①

5.1.2.2　人力资源

中部各省自古以来就是我国重要的人口聚集地，人力资源丰富，人口总数占全国的 28%。长期以来，中部地区几大省份在劳务输出上都居我国前列，劳动力成本远远低于东部地区，在劳动力总量和劳动力素质上，又优于西部地区，中部地区从业人员中受初中以上教育程度人口比重高于西部地区。

2012 年，中部地区从业人员数为 18 527.97 万人，其中，第一产业从业人员 7 286.22 万人，第二产业从业人员 5 090.48 万人，第三产业从业人员 6 150 万人，三次产业从业人员比例为 39:28:33。②

5.1.2.3　科教资源

中部地区科教资源丰富，拥有 441 所高等学校，湖北省武汉市科教综合实力居全国第三位，拥有两院院士 59 人，政府科研机构 100 所，国家实验室和国家重点实验室 22 个，国家工程技术

---

① 资料来源：国家统计局能源统计司主编《中国能源统计年鉴（2013）》。
② 资料来源：国家统计局人口和就业统计司主编《中国人口和就业统计年鉴（2013）》。

研究中心 22 个，国家级企业技术研发中心 18 个，普通高校 79
所，在校大学生 102.3 万人。湖南省自主创新能力在我国长期处
于领先地位，"湖南制造"令国人瞩目，"十一五"期间，湖南省
实施科技重大专项 49 个，累积攻克技术瓶颈 328 项，研发重点新
产品 568 个，取得专利授权 319 项，新建 6 个国家级重点实验室。
安徽省合肥市早在 20 世纪 80 年代就是我国重要的科研基地，
2011 年，基础科研实力在全国排名第三，仅次于北京和上海，拥
有研究与技术开发机构 275 个。① 高等院校、科研院所、高新产
业、科技型企业、技术创新，形成了统一的科教支撑体系，对中
部地区经济发展带来了强有力的支撑，使得中部地区无论是在面
对社会经济转型还是产业升级换代，都有较强的科技实力来推动
自身转型升级。

5.1.3　中部地区产业发展比较分析

5.1.3.1　中部地区的产业发展分析

通过对中部地区 1993～2012 年三次产业的产值及其在国民生
产总值比重的数据进行统计②，绘制出中部地区三次产业产值变
动图（见图 5－1）。1993～2012 年，中部地区三次产业产值在
GDP 的比重中发生重大的变化，第一产业比重持续大幅度下降，
从 1993 年的 26% 降到 2012 年的 12%，第二产业总体保持增长态
势，平均每年提升 0.5%，第三产业也保持增长态势，但总体增
长态势不如第二产业大，且第三产业产值在国民经济中的比值在
2000 年后增长速度放缓并下降，而第二产业则在此时开始获得较
快增长。根据产业结构优化理论，随着经济的发展，第二产业产
值在国民生产总值的比值中下降，第三产业产值的比值上升，中

①②　资料来源：中国经济与社会发展统计数据库。

部地区出现相反的情况，是因为在 2000 年前后，中部经济增长的主要动力是依赖投资的加强，在这一时期，中部地区固定资产投资总额增长速度高于全国水平，外商直接投资总额也有显著的增加，投资是推动中部经济增长的主要力量，第二产业借助投资而获得较好的发展，而这一时期，消费的增长严重滞后，导致服务业增速放缓，甚至出现了回落。

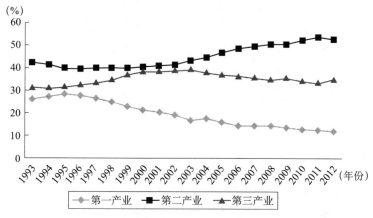

图 5 – 1　中部地区三次产业产值结构变动

资料来源：中国经济与社会发展统计数据库。

1993～2012 年，中部地区经历了从"八五"到"十一五"四个完整的国民经济发展计划，并进入到"十二五"新一轮发展计划中，中部地区在近 20 年来产业结构的变化，同国家宏观环境是密切相关的。"八五"期间，全国国民经济持续快速增长，农业综合生产能力迈上新的台阶，工业快速发展，工业结构调整取得了明显的进展，固定资产投资成倍增加，重点建设力度进一步加强，中部地区在这一时期，借中央缩小沿海与内地、经济发达地区与较不发达地区差距的机会，处于社会和经济发展的黄金时期，国民经济增长速度保持较高水平，三次产业产值增速明显。同时，这一时期基础设施和基础产业建设投资的力度提升以及对外贸易的迅速发展，使得产业发展的约束得到一定的缓解。但在这一时期，中部地区产业结构仍存在一定的问题，主要表现在产业结构层次较低，区域宏观调控的力度不够，地区之间、行业之间的发展差距扩大。

"九五"期间，由于国际国内经济形势的恶化，为应对亚洲金融危机和国内有效需求不足带来的困难，国家通过扩大内需，以及推行稳定的财政和货币政策，区域政策也转向重视支持内地发展，缩小区域性经济差距也成为区域发展的新主题。中部地区在这一期，虽然也受到了外部经济形势的冲击，但由于受到宏观政策的支持，产业经济得到了持续快速的发展。第二产业在这一时期形成了一批有一定影响力的产品和具有一定竞争力的企业集团，第二产业发展速度虽然放缓，但基本保持稳定，而第三产业由于国内消费需求增加，也获得了较好的发展，尤其是服务业，无论是市场化还是社会化的程度都得到了提高。

"十五"期间，由于产业地位的滑落以及非典疫情的影响和重大自然灾害的挑战，国家为抑制经济运行中的不稳定因素，对经济结构进行调整，在产业方面，提出了 2005 年第一、第二和第三产业增加值占国民生产总值的比重分别为 13%、51% 和 36%的目标，中部地区在这一时期，由于"中部崛起"的提出，以工业的快速发展推动了经济的快速增长，三次产业结构也得到了优化，从图 5-1 中我们可以看到，中部地区到 2005 年基本实现了产业结构优化，初步形成了稳定增长的基础。

"十一五"期间，我国社会经济运行中制约发展的深层次矛盾日益突出，如资源的相对不足、三农问题突出、科技自主创新能力弱、经济结构不合理等障碍。在产业发展上突出表现为投资和消费的关系不协调，部分行业盲目扩张导致的产能过剩以及生产过程中能源效率低下等问题，2009年，随着"中部崛起"正式提出，中部地区发展进入新阶段。在此期间，总体经济实力明显增强，经济结构也得到不断优化，农业综合生产力得到了提升，粮食产量占全国比重的30.6%，第二产业在国民经济中的地位不断增强，到2010年，中部地区实现工业增加值39 500亿元，投资力度进一步加大，投资年均增长31.9%，消费需求也持续活跃，且消费结构升级明显，消费重点开始向服务性消费方面转移。但在这一时期，中部地区第三产业发展相对滞后，同日益扩大的服务性消费需求不协调的是，第三产业增加值在国民经济中的占比下降，且低于全国水平。

按照产业变动的规律，三次产业的产值结构变动遵循从"一二三"到"二三一"，随后由于生产力的发展和科学技术的进步，第三产业得到迅速发展并代替第二产业成为主导产业，实现跨越式发展。中部地区三次产业的产值结构有明显的"二三一"模式的特点，根据发达国家发展的经验，未来产业变动的趋势是第三产业获得高速发展，进入"高服务化"阶段。但从中部地区三次产业产值结构变动来看，中部地区没有特别明显的第三产业替代第二产业的趋势，这在一定程度上说明了中部地区三次产业在产业结构上缺乏有效的协同，第二产业对第三产业的带动性不强，这就导致了三次产业结构发展的不协调，第一产业和第三产业的发展同第二产业发展不匹配，不足以维系第二产业超速发展。

总体来说，1993~2012年，中部地区经过近20年的发展，经济发展取得了巨大的成就，经济总量总体保持增长，产业结构不断优化，固定资产投资力度加大，产业的整体竞争力大幅度提升。以2012年经济数据为例，在国内经济形势复杂多变、国内经济增长放缓的情况下，中部地区虽然有所回落，但整体保持较高增长态势，中部六省平均经济增速在10%以上，第二产业生产回落，但结构转

资源平衡视角下城市产业结构优化研究

型发展步伐加快，尤其是高成长性产业成为拉动第二产业增长的主要力量，固定资产投资较平稳，投资增长的内生动力持续增强，除个别月份外，投资增速高于全国水平（见图 5 - 2）。在消费方面，消费增幅均超过国内同期水平（见表 5 - 2），消费市场总体平稳，整体呈现出稳中趋缓的态势。

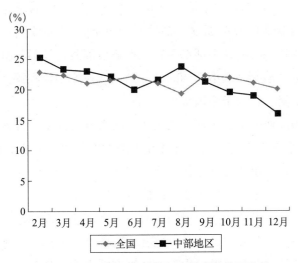

图 5 - 2　2012 年中部地区投资增速与全国比较

资料来源：中国经济与社会发展统计数据库。

表 5 - 2　2012 年中部地区各省份消费品零售额累计增幅对比　单位:%

区域	一季度	二季度	三季度	四季度
全国	15.54	14.97	14.85	15.16
河南省	16.10	15.50	15.40	15.70
湖北省	16.00	15.90	15.80	16.00
湖南省	15.50	15.50	15.00	15.40
安徽省	16.70	16.00	15.80	16.00
山西省	16.00	15.20	15.30	16.00
江西省	16.20	15.70	15.60	15.90

资料来源：中国经济与社会发展统计数据库。

5.1.3.2 中部地区产业发展同东部沿海、环渤海地区的比较分析

中部地区在经历了"十五""十一五"后，充分利用了"中部崛起"发展机遇，社会经济发展取得了斐然的成就，无论是经济增长势头、投资力度还是产业结构优化上都取得了前所未有的变化，"中部崛起"正成为不争的事实，但是由于长期以来我国区域经济发展的不平衡，中部地区虽然崛起的步伐日益加快，但同我国发达地区仍存在一定的地区差距，由于长期以来的历史原因，要缩小这种差距仍需要中部地区进行长期的、坚持不懈的努力。东部沿海地区和环渤海地区是我国发达地区，通过对中部地区和东部沿海、环渤海地区进行比较，从对比分析中找到中部地区产业建设中存在的问题以及对产业建设有一个更清晰的认识。本书主要从人均国民生产总值、区域外向性、产业结构以及投资四个方面进行比较分析，为后面的产业结构优化指明方向。

人均GDP通常用来衡量经济发展程度。中部地区在2002~2012年10年间，总体来讲，GDP无论从总量上还是增速上都超过了东部地区和环渤海地区，但人均GDP不高（见图5-3）。中部地区人均GDP由2002年的6 379.61元/人，上升到2012年的32 365.00元/人，增加了4倍多。但是同一时期，东部沿海地区2012年人均GDP为69 027.8元/人，是中部地区的两倍多。可以看出，中部地区经济总量的高速增长，是建立在中部地区庞大的劳动力资源基础之上的，而人均GDP上的差距，也在一定程度上反映了中部地区社会经济发展水平以及城乡均衡发展程度同发达地区的差距。工业化进程的加快、农村的滞后发展，是造成中部地区人均GDP不高的原因，说明中部地区整体经济状况同发达地区相比，仍存在很大的差距。

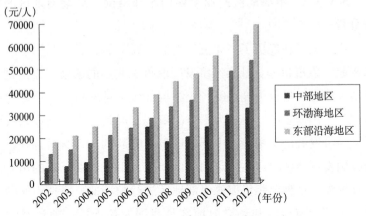

图 5 - 3　2002～2012 年中部地区与东部沿海地区、
环渤海地区人均 GDP 总量比较

资料来源：中国经济与社会发展统计数据库。

美国发展经济学家钱纳里按人均 GDP 将社会分为初级产品生产阶段、工业化阶段、经济发达阶段。若按照钱纳里的工业化阶段划分标准，中部地区 2012 年人均 GDP 为 32 365 元/人，按汇率折算处于工业化的后期阶段，结合世界各地经济发展的经验，优化产业结构是工业化中后期加快经济增长、提升区域竞争力的主要手段。

对外贸易总额通常衡量一个地区对外贸易状况。对一个地区而言，对外贸易很大程度上取决于产业结构的状况，同时，对外贸易对产业结构优化也有促进作用。对外贸易中出口商品的结构通常是由地区内产业的比较优势而决定的，而出口商品的扩大，往往会促进该地区产业的比较优势的积累，反过来促进产业的技术进步和结构变化。同时，地区通过对外贸易活动（进口贸易和出口贸易）可以使地区获得更多的技术外溢，企业通过对外贸易活动，可以利用自身优势发展地区主导产业，从而更好地促进区域内产业结构的调整和升级。中部地区在 2002 年,对外贸易总额仅为 1 821 万美元,不及东部沿海地区的 1/10,即使是经过 10 年的快速发展,同我国发达地区的差距依然很大(见图 5 – 4)。这一方面固然同国家在对外开放政策上向沿海发达地区倾斜有关,但另一方面也说明了中部地区产业的比较优势不强,产业竞争力落后于发达地区。

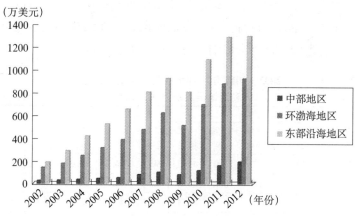

图 5 – 4　2002 ~ 2012 年中部地区与东部沿海地区、
环渤海地区对外贸易总额比较

资料来源:中国经济与社会发展统计数据库。

对比中部地区与东部沿海地区、环渤海地区三次产业结构(见表 5 – 3),截至 2012 年,中部地区三次产业结构比重分别为 12. 1% 、52. 8% 、35. 1% ,同 东 部 沿 海 地 区 4. 8% 、48. 0% 、47. 2% 以及环渤海地区 7. 5% 、48. 2% 、44. 3% 相比,中部地区第一产业比重大,第三产业不发达。2002 ~ 2012 年,中部地区第一产业比重降低了 7% ,第二产业上升了 11. 3% ,第三产业下降了 4. 2% ,根据三次产业结构变动理论,随着经济的发展、工业化进程的加快,一个地区的第二产业比重以较快速度增加,并逐

资源平衡视角下城市产业结构优化研究

渐超过 50% 后，相应的第一产业的比重以更快的速度下降，此时第三产业比重应略有上升，随之第二产业所占比重应该明显下降，第三产业比重快速增加，从而进入一个新的发展阶段，这是产业结构变动的一般规律。从表 5 - 3 中可以看到，东部沿海地区和环渤海地区的产业结构变动是符合这一规律的，但在中部地区却出现了相悖的现象。一个地区经济发展中，应该对应着一个相对合理和标准的产业结构，从数据中可以看出，中部地区产业结构显然是滞后了自身所处的发展阶段，产业结构同发达地区相比是不合理的，最终会影响经济的进一步发展。

表 5 - 3　　　　2002 ~ 2012 年中部地区与东部沿海地区、
环渤海地区三次产业结构比较　　　　单位:%

年份	第一产业			第二产业			第三产业		
	中部地区	东部沿海地区	环渤海地区	中部地区	东部沿海地区	环渤海地区	中部地区	东部沿海地区	环渤海地区
2002	19. 2	7. 7	11. 0	41. 5	50. 6	46. 2	39. 3	41. 7	42. 8
2003	17. 0	6. 8	10. 2	43. 5	52. 3	48. 0	39. 5	40. 9	41. 8
2004	17. 7	6. 5	10. 5	44. 4	53. 5	49. 3	38. 0	40. 0	40. 2
2005	16. 1	5. 9	9. 4	46. 8	53. 5	50. 3	37. 1	40. 6	40. 3
2006	14. 7	5. 3	8. 6	48. 7	53. 6	50. 5	36. 6	41. 0	40. 9
2007	14. 4	5. 1	8. 6	49. 5	52. 7	50. 0	36. 1	42. 2	41. 4
2008	14. 2	5. 0	8. 4	50. 5	52. 1	50. 7	35. 2	42. 9	40. 9
2009	13. 6	4. 9	8. 2	50. 4	50. 3	49. 5	36. 0	44. 8	42. 2
2010	13. 0	4. 7	7. 9	52. 4	50. 1	49. 5	34. 6	45. 2	42. 6
2011	12. 3	4. 7	7. 6	53. 5	49. 4	49. 3	34. 1	45. 9	43. 1
2012	12. 1	4. 8	7. 5	52. 8	48. 0	48. 2	35. 1	47. 2	44. 3

资料来源：中国经济与社会发展统计数据库。

固定资产投资与产业结构调整之间存在着一定的相关性，一方面，前期固定资产投资方向的变动使得某些产业获得更好的发展，从而促进产业结构发生变动，固定资产投资对产业结构变动起着决定性作用；另一方面，由于产业结构所决定的投资品和消费品的比例也反过来决定了下一期固定资产投资的方向和规模。
2002~2012年，中部地区固定资产投资一直保持较大增长，2006
年后，中部地区固定资产投资增速超过其他两个地区，并在2007
年在固定资产投资规模上首次超过了东部沿海地区，并同环渤海
地区保持比较接近的水平（见图5-5）。从固定资产投资方向来
看（见表5-4），2012年，中部地区第一产业固定资产投资占比
3.03%，第二产业固定资产投资占比49.29%，第三产业固定资
产投资占比47.68%。其中，第二产业中固定资产投资主要集中
在制造业，第三产业中主要集中在房地产业，在教育、金融、科
技服务等有利于产业结构升级领域的服务业投资较少。虽然目前
看来，中部地区在投资力度上有了很大提升，但从长远来看，投
资结构还存在有一定的调整空间。

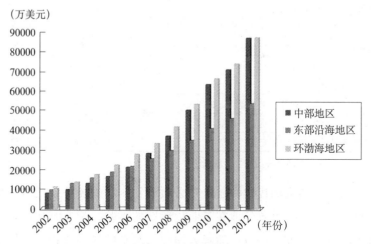

**图5-5　2002~2012年中部地区与东部沿海地区、
环渤海地区全社会固定资产投资比较**

资料来源：中国经济与社会发展统计数据库。

表 5 - 4　　　2012 年中部地区固定资产投资（按行业分）

行业	固定资产投资（亿元）	比例（%）
固定资产投资	83 580.61	100.00
农、林、牧、渔业固定资产投资	2 535.32	3.03
采矿业固定资产投资	3 736.01	4.47
制造业固定资产投资	34 339.44	41.09
电力、燃气及水的生产和供应业固定资产投资	2 760.97	3.30
建筑业固定资产投资	360.67	0.43
交通运输仓储和邮政业固定资产投资	5 229.89	6.26
信息传输、计算机服务和软件业固定资产投资	351.83	0.42
批发和零售业固定资产投资	2 311.35	2.77
住宿和餐饮业固定资产投资	1 119.96	1.34
金融业固定资产投资	193.24	0.23
房地产业固定资产投资	17 867.05	21.38
租赁和商务服务业固定资产投资	908.6	1.09
科学研究、技术服务和地质勘查业固定资产投资	488.33	0.58
水利、环境和公共设施管理业固定资产投资	6 981.95	8.35
居民服务和其他服务业固定资产投资	328.88	0.39
教育固定资产投资	1 148.34	1.37
卫生、社会保障和社会福利业固定资产投资	639.61	0.77
文化、体育和娱乐业固定资产投资	798.09	0.95
公共管理和社会组织固定资产投资	1 481.08	1.77

资料来源：中国经济与社会发展统计数据库。

对产业结构的优化问题研究必须放到一定的经济发展阶段中进行考察，根据世界各地在工业化后期的经验，产业结构优化大致上沿着以下方向进行：随着人均收入水平的进一步提高，资源和劳动力开始向第三产业转移，在工业化的后期，产业结构中第三产业的比重迅速上升；在第二产业内部，重工业产值在国民收入中的比例也不断上升，并占有绝对份额，工业结构开始以原材料为重心向以加工为重心转移；产业由劳动密集、资本密集向技术密集、知识密集的方向发展，同时，产业结构的外向性增强，产业结构打破原有的封闭式均衡发展，通过国际投资、国际贸易和技术引进等交流方式实现同产业系统外的物质能量交换，在更高层次上实现结构之间的均衡协调。

通过中部地区同东部沿海地区、环渤海地区的比较，纵向来看，中部地区的社会经济发展速度加快，第二产业发展迅速，第三产业也日益趋于活跃，社会经济各项指标都呈现出良性增长的趋势，整体经济形势取得了极大的改观，产业建设也有很大的成就。但是横向比较来看，中部地区产业发展同发达地区仍存在很大差距，在发展阶段上落后于发达地区，在对外贸易、产业竞争力上同发达地区存在很大差距，产业结构还不尽合理，产业整体实力和层次上同沿海地区差距比较悬殊。造成中部地区同发达地区差距的原因固然同国家长期以来资金和政策的倾斜导致中部地区成为资金和政策的洼地有一定关系，但同时我们也应当看到中部地区近些年在经济发展中积累的积极因素，中部地区在近年间的产业积累，已经为中部地区的发展和赶超做了扎实的铺垫，在当前中部崛起背景下，如何抓住机遇促使这些积极因素给中部地区带来积极的质变，是需要认真思考的问题。

5.2 中部地区城市资源承载力评价

5.2.1 中部地区城市资源承载力的定量评价

根据城市资源承载力的评价指标体系和评价方法，选取2005~2013年《中国城市统计年鉴》《中国城市年鉴》《中国区域经济年鉴》的数据，使用统计分析软件STATA作为分析工具，对中部地区六省份81个城市2004~2012年的资源承载力展开评价。

资源平衡视角下城市产业结构优化研究

在运算前，对原始数据做标准化处理，以消除量纲影响使数据具有可比性，通过计算，得到各个公因子的特征值、方差贡献率以及累计方差贡献率（见表5-5）。

表5-5　公因子的特征值、方差贡献率和累计方差贡献率

公因子	特征值	方差贡献率	累计方差贡献率
e1	1. 773 714	1. 773 714	0. 371 084
e2	0. 760 7	0. 760 7	0. 530 232
e3	0. 622 432	0. 622 432	0. 660 453
e4	0. 356 715	0. 356 715	0. 735 082
e5	0. 309 027	0. 309 027	0. 799 734
e6	0. 218 845	0. 218 845	0. 845 519
e7	0. 176 67	0. 176 67	0. 882 481
e8	0. 150 945	0. 150 945	0. 914 061
e9	0. 127 847	0. 127 847	0. 940 808
e10	0. 107 082	0. 107 082	0. 963 211
e11	0. 061 094	0. 061 094	0. 975 992
e12	0. 044 783	0. 044 783	0. 985 362
e13	0. 030 953	0. 030 953	0. 991 837
e14	0. 024 121	0. 024 121	0. 996 884
e15	0. 014 896	0. 014 896	1

资料来源：2005～2013年《中国城市统计年鉴》《中国城市年鉴》《中国区域经济年鉴》。

就中部地区81个城市的动态因子分析运行结果来看，前6个公因子累计方差贡献率为84.55%，表明这6个公因子基本可以反映原指标体系中的19个指标的主要信息。因此，提取这6个公因子代替原始指标作为中部地区城市资源承载力的计算因子，对中部地区城市综合资源承载力状况进行定量的评价。

同时，为便于解释提取的公因子，采取方差极大法对因子载荷矩阵进行正交旋转，使旋转后的因子载荷矩阵结构简化，以便于对公共因子进行合理的解释。旋转后的因子载荷矩阵如表5-6所示。

表 5 - 6   旋转后的因子载荷矩阵

指标	var1	var2	var3	var4	var5	var6
单位土地产值	0.105 35	-0.082 03	0.018 34	-0.070 31	0.006 24	-0.706 95
人均建成区面积（平方公里/人）	-0.005 95	0.769 77	-0.069 12	0.001 52	-0.018 1	0.055 1
建设用地占市区面积比重	0.096 87	-0.080 23	0.000 89	-0.092 17	0.062 63	0.673 67
人均生活用水量（吨）	-0.017 66	-0.003 12	0.073 66	0.892 25	0.066 27	-0.006 26
供水总量（万吨）	0.343 89	-0.013 44	0.075 58	-0.132 01	0.002 03	-0.002 58
用水量（万吨）	-0.317 33	0.027 67	-0.086 7	0.146 68	0.108 83	-0.030 27
客运总量（万人）	0.060 65	-0.004 74	-0.034 47	0.126 87	0.783 89	0.056 24
货运总量（万吨）	-0.209 68	-0.039 97	0.204 03	-0.286 49	0.411 08	-0.087 64
人均道路面积（平方米）	0.034 04	0.615 47	0.088 46	-0.01	0.023 06	-0.090 18
科研技术从业人员数（万人）	0.366 97	-0.013 48	0.053 58	0.059 07	-0.132 11	0.008 89
教育事业费支出	0.342 01	-0.030 11	0.074 79	0.050 77	-0.136 66	0.057 47
科学事业费支出	0.350 83	0.036 85	0.108 12	0.038 43	-0.113 74	0.056 02
人均 GDP	-0.559 48	-0.039 16	0.083 13	0.045 96	-0.376 97	0.080 24
工业 SO_2 排放量	-0.152 93	0.090 39	0.418 54	-0.183 83	0.060 98	0.100 18
工业固体废物综合利用率（%）	0.017 13	-0.027 77	0.850 5	0.098 95	-0.024 11	-0.020 49

资料来源：2005～2013 年《中国城市统计年鉴》《中国城市年鉴》《中国区域经济年鉴》。

根据旋转后的因子载荷矩阵可以看出，公因子 1 主要解释了城市科技资源承载力，在科研技术从业人员数、教育事业费支出、科学事业费支出以及人均 GDP 这几个指标上载荷较大，将公因子 1 命名为科技禀赋，表示随着城市发展、科学技术水平对城市资源承载力的影响，科学技术的提升对城市资源承载力起促进作用。

公因子 2 主要解释了城市设施承载力，在人均道路面积和人均建成区面积上的载荷较大，将公因子 2 命名为城市建设，表示城市建设发展在地域分布上的变化以及城市设施占用土地对城市设施承载力的影响。

公因子3主要解释了城市环境承载力,在工业二氧化硫排放量和工业固体废物综合利用率上的载荷较大,将公因子3命名为环境禀赋,表示经济、城市发展过程工业活动以及生产方式转变对城市资源承载力的影响。

公因子4主要解释了城市水资源承载力,在人均用水量、总用水量上的载荷较大,将公因子4命名为水资源潜力,表示随着城市发展、人口的增加带来的城市用水量的增加对城市水资源承载力的影响。

公因子5主要解释了城市资源要素流动能力,在客运总量和货运总量上的载荷较大,将公因子4命名为区际交流,表示城市发展中资源要素、产品以及人员流动对城市资源承载力的影响。

公因子6主要解释了城市土地承载力,在单位土地产值、建设用地占市区面积比重上的载荷较大,将公因子6命名为土地效益,表示城市用地规模和土地效益对城市土地资源承载力的影响。

以提取的6个公因子的方差贡献率为权重进行加权,则有静态综合评价结果:

$$E = 0.371084 \times FC_1 + 0.159148 \times FC_2 + 0.130221 \times FC_3$$
$$+ 0.074629 \times FC_4 + 0.064652 \times FC_5 + 0.045785 \times FC_6$$

$$(5-1)$$

将中部地区各城市的公因子得分代入式(5-1),得出中部地区各城市的静态综合得分,具体数据如表5-7所示。同时,根据第 t 年各地区各指标的平均值,计算出中部地区各个城市第 t 年的动态得分矩阵,在此结果上,求得中部地区2004~2012年的平均综合评价结果,具体数据如表5-8所示。

表 5－7　　中部地区各城市 2004～2012 年城市资源承载力静态评价结果

地区	科技禀赋	城市建设	环境禀赋	水资源潜力	区际交流	土地效益	静态综合评价结果
太原市	0.277 24	-0.026 96	-0.047 54	0.033 7	-0.007 62	0.023 498	0.252 314
大同市	-0.085 98	-0.017 34	-0.048 88	0.019 375	0.011 337	0.019 638	-0.101 85
阳泉市	-0.128 72	0.008 128	-0.092 35	0.010 427	-0.003 35	0.010 731	-0.195 14
长治市	-0.074 42	0.020 578	-0.021 35	0.014 48	-0.002 12	0.001 352	-0.061 47
晋城市	-0.016 04	0.077 099	-0.037 68	0.010 804	0.017 648	0.006 26	0.058 093
朔州市	-0.137 84	-0.034 15	-0.097 11	0.014 564	-0.001 05	0.016 239	-0.239 35
晋中市	-0.204 45	0.020 943	-0.016 83	0.020 262	0.008 951	0.018 831	-0.152 3
运城市	-0.261 04	0.001 06	-0.016 85	0.015 407	0.001 709	0.008 431	-0.251 28
忻州市	-0.314 7	-0.008 55	0.014 251	0.022 383	0.003 687	0.010 375	-0.272 55
临汾市	-0.217 26	-0.015 22	0.009 73	0.024 447	0.009 886	0.012 457	-0.175 96
吕梁市	-0.273 74	0.027 326	-0.014 16	0.023 036	0.002 413	0.018 359	-0.216 77
合肥市	0.370 755	0.113 799	0.077 094	0.010 419	0.013 293	0.012 943	0.598 303
芜湖市	0.141 12	0.128 111	0.046 954	0.020 116	0.005 77	0.017 323	0.359 392
蚌埠市	-0.125 11	0.086 527	0.048 602	0.013 762	0.012 385	0.015 935	0.052 104
淮南市	-0.180 48	0.013 775	0.022 04	0.030 967	-0.005 67	0.013 821	-0.105 54
马鞍山市	0.145 049	0.134 223	-0.010 37	0.021 507	-0.033 49	0.012 661	0.269 58
淮北市	-0.197 67	0.038 358	0.040 395	0.028 883	0.002 669	0.010 938	-0.076 43
铜陵市	-0.012 14	0.103 445	0.002 627	0.027 948	-0.026 86	0.017 314	0.112 339

续表

地区	科技禀赋	城市建设	环境禀赋	水资源潜力	区际交流	土地效益	静态综合评价结果
安庆市	-0.162 29	0.058 651	0.054 386	0.005 365	0.009 286	0.016 404	-0.018 2
黄山市	-0.258 05	0.063 228	0.046 091	0.012 993	-0.003 58	0.022 055	-0.117 26
滁州市	-0.214 01	0.054 517	0.054 955	0.005 293	0.012 387	0.020 086	-0.066 77
阜阳市	-0.250 97	-0.018 53	0.074 498	0.008 01	0.019 383	0.008 422	-0.159 19
宿州市	-0.284 81	-0.023 31	0.062 807	0.020 938	0.009 163	0.008 411	-0.206 8
巢湖市	-0.278 67	-0.002	0.039 725	0.012 49	0.005 916	0.008 937	-0.213 59
六安市	-0.249 18	-0.055 21	0.054 169	0.001 819	0.019 66	0.003 13	-0.225 61
亳州市	-0.350 46	0.012 452	0.072 082	0.028 362	-0.000 35	0.010 702	-0.227 21
池州市	-0.287 79	0.016 016	0.025 815	0.008 37	-0.006 8	0.010 481	-0.233 91
宣城市	-0.294 82	-0.003 59	0.044 301	0.019 846	-0.004 21	0.009 913	-0.228 56
南昌市	0.204 887	0.050 737	0.069 057	0.036 884	-0.024 32	-0.002 24	0.335 002
景德镇市	-0.134 07	0.132 046	0.033 249	0.007 09	-0.006 49	0.023 018	0.054 837
萍乡市	-0.209 14	0.030 569	0.039 222	0.017 484	-0.011 17	0.011 538	-0.121 49
九江市	-0.060 05	0.079 504	-0.015 45	-0.014 07	0.001 856	0.012 24	0.004 021
新余市	-0.170 87	0.044 885	0.001 368	0.021 352	-0.029 02	0.017 777	-0.114 51
鹰潭市	-0.152 14	0.114 788	0.007 518	0.003 978	-0.007 49	0.012 19	-0.021 15
赣州市	-0.189 52	0.048 647	0.031 962	-0.003 52	0.011 396	0.009 756	-0.091 28
吉安市	-0.278 66	0.016 036	0.011 841	0.007 369	0.001 842	0.011 398	-0.230 17

续表

地区	科技禀赋	城市建设	环境禀赋	水资源潜力	区际交流	土地效益	静态综合评价结果
宜春市	-0.275 39	-0.019 54	0.023 358	0.007 738	-0.002 8	0.004 364	-0.262 27
抚州市	-0.288 57	0.025 352	0.025 97	0.003 531	-0.012 04	0.008 124	-0.237 63
上饶市	-0.193 07	0.042 265	-0.014 56	-0.018 38	0.009 816	0.004 881	-0.169 05
郑州市	0.426 786	-0.028 66	0.017 139	0.020 72	0.022 492	0.009 432	0.467 906
开封市	-0.154 52	0.093 546	0.059 196	0.021 529	0.014 308	0.012 021	0.046 077
洛阳市	0.201 244	0.017 421	-0.060 78	0.020 783	0.016 583	-0.005 29	0.189 953
平顶山市	-0.074 9	0.021 332	0.001 213	0.019 347	0.002 929	0.000 92	-0.029 16
安阳市	-0.091 12	0.031 02	0.017 895	0.025 35	0.011 587	0.009 305	0.004 035
鹤壁市	-0.196 54	0.077 165	0.021 87	0.018 238	-0.007 94	0.018 048	-0.069 16
新乡市	-0.058 99	0.093 279	0.052 148	0.032 603	0.015 58	0.001 14	0.135 759
焦作市	-0.044 18	0.087 469	-0.014 56	0.022 121	0.005 568	0.016 92	0.073 337
濮阳市	-0.163 66	0.082 296	0.052 218	0.035 605	-0.003 86	0.003 19	0.005 79
许昌市	0.063 881	0.204 307	0.019 975	0.031 193	0.023 371	-0.007 08	0.335 648
漯河市	-0.172 67	0.077 185	0.065 654	0.037 958	-0.004 74	0.004 986	0.008 379
三门峡市	-0.096 09	0.041 837	-0.063 04	0.008 013	0.003 02	0.006 581	-0.099 68
南阳市	-0.148 09	-0.023 09	0.032 337	0.014 743	0.020 548	0.011 113	-0.092 44
商丘市	-0.240 44	-0.008 69	0.067 967	0.019 739	0.006 95	0.009 825	-0.144 65
信阳市	-0.258 21	-0.006 69	0.068 954	0.019 958	0.008 221	0.011 656	-0.156 11

续表

地区	科技禀赋	城市建设	环境禀赋	水资源潜力	区际交流	土地效益	静态综合评价结果
周口市	-0.154 48	0.098 65	0.065 533	0.012 245	0.026 963	0.008 693	0.057 604
驻马店市	-0.188 36	0.044 547	0.063 106	-0.000 98	0.022 888	0.015 309	-0.043 49
武汉市	0.864 756	-0.157 98	0.093 745	0.021 017	-0.003 24	0.031 839	0.850 138
黄石市	0.066 592	0.114 045	-0.012 56	-0.007 56	-0.015 87	-0.003 9	0.140 751
十堰市	-0.118 11	0.104 08	0.044 354	-0.015 12	-0.009 23	0.022 323	0.028 291
宜昌市	-0.071 62	0.011 163	0.003 609	0.001 06	-0.007 2	0.017 874	-0.045 12
襄樊市	-0.052 12	-0.034 44	0.073 126	-0.004 67	-0.014 79	0.009 446	-0.023 45
鄂州市	-0.200 49	0.034 2	0.050 5	0.019 845	-0.033 3	0.013 491	-0.115 75
荆门市	-0.179 12	0.044 519	0.043 476	0.008 434	-0.007 57	0.018 915	-0.071 35
孝感市	-0.243 49	0.001 633	0.066 757	0.009 375	0.002 243	0.006 888	-0.156 59
荆州市	-0.251 92	0.030 82	0.063 75	0.017 057	-0.000 84	0.012 813	-0.128 33
黄冈市	-0.162 34	0.123 248	0.069 607	-0.013 17	0.011 64	0.023 359	0.052 345
咸宁市	-0.273 72	0.043 345	0.066 003	0.005 579	-0.012 46	0.013 009	-0.158 24
随州市	-0.308 09	0.047 002	0.060 573	0.023 562	-0.010 69	0.017 212	-0.170 43
长沙市	0.636 116	0.007 158	0.097 727	0.001 812	-0.007 91	0.000 923	0.735 83
株洲市	0.090 251	0.055 563	0.023 226	-0.011 68	0.004 648	0.005 54	0.167 55
湘潭市	0.001 089	0.110 933	0.038 672	0.025 234	-0.003 87	0.003 987	0.176 041
衡阳市	-0.032 3	0.048 615	0.020 637	-0.015 87	0.014 992	0.007 582	0.043 663

续表

地区	科技禀赋	城市建设	环境禀赋	水资源潜力	区际交流	土地效益	静态综合评价结果
邵阳市	-0.171 38	0.023 731	0.061 251	-0.011 31	0.019 63	0.004 186	-0.073 89
岳阳市	0.032 558	0.016 85	0.057 976	-0.024 67	-0.008 67	0.008 885	0.082 936
常德市	-0.137 99	-0.028 46	0.048 803	-0.003 49	0.009 651	0.005 285	-0.106 2
张家界市	-0.323 77	0.022 824	0.050 652	0.012 813	-0.007 8	0.010 461	-0.234 81
益阳市	-0.256 87	-0.013 41	0.027 627	0.012 115	0.000 555	0.005 349	-0.224 64
郴州市	-0.150 28	-0.018 08	0.031 691	-0.011 22	-0.001 31	0.008 683	-0.140 51
永州市	-0.246 53	-0.004 11	0.060 497	-0.007 28	-0.009 36	0.005 447	-0.201 33
怀化市	-0.173 49	0.036 895	0.004 56	-0.039 68	-0.003 14	0.005 021	-0.169 83
娄底市	-0.086 42	0.039 961	0.040 969	-0.025 48	0.016 741	0.005 151	-0.009 08

资料来源:2005~2013年《中国城市统计年鉴》《中国城市年鉴》《中国区域经济年鉴》。

资源平衡视角下城市产业结构优化研究

表 5 - 8   中部地区各城市 2004～2012 年城市资源承载力动态评价结果

地区	2004 年	2005 年	2006 年	2007 年	2008 年	2009 年	2010 年	2011 年	2012 年	平均综合评价结果
太原市	0.185	0.194	0.238	0.255	0.232	0.246	0.192	0.195	0.181	1.918
大同市	-0.055	-0.061	-0.062	-0.079	-0.066	-0.074	-0.049	-0.043	-0.073	-0.561
阳泉市	-0.108	-0.148	-0.123	-0.129	-0.134	-0.150	-0.144	-0.122	-0.155	-1.214
长治市	-0.006	-0.026	-0.009	-0.013	-0.015	-0.046	-0.053	-0.052	-0.059	-0.278
晋城市	0.153	-0.012	0.077	0.060	0.018	0.069	0.084	0.062	0.047	0.559
朔州市	-0.191	-0.179	-0.185	-0.184	-0.169	-0.208	-0.166	-0.125	-0.117	-1.523
晋中市	-0.131	-0.117	-0.127	-0.129	-0.066	-0.087	-0.081	-0.090	-0.085	-0.914
运城市	-0.173	-0.155	-0.170	-0.167	-0.211	-0.213	-0.169	-0.166	-0.183	-1.607
忻州市	-0.224	-0.167	-0.196	-0.209	-0.180	-0.217	-0.207	-0.182	-0.174	-1.756
临汾市	-0.115	-0.077	-0.109	-0.112	-0.100	-0.124	-0.137	-0.158	-0.147	-1.080
吕梁市	-0.239	-0.235	-0.161	-0.094	-0.108	-0.135	-0.138	-0.127	-0.128	-1.365
合肥市	0.409	0.355	0.517	0.448	0.385	0.543	0.455	0.602	0.627	4.340
芜湖市	0.352	0.259	0.426	0.256	0.223	0.263	0.335	0.316	0.236	2.668
蚌埠市	0.119	-0.029	0.035	0.048	0.030	0.054	0.087	0.090	0.083	0.517
淮南市	-0.031	-0.054	-0.068	-0.072	-0.046	-0.078	-0.087	-0.084	-0.065	-0.587
马鞍山	0.233	0.165	0.275	0.284	0.210	0.289	0.184	0.246	0.153	2.039
淮北市	0.001	-0.012	-0.046	-0.049	-0.051	-0.050	-0.064	-0.066	-0.046	-0.383
铜陵市	0.073	0.040	0.120	0.122	0.114	0.138	0.091	0.126	0.116	0.938

续表

地区	2004 年	2005 年	2006 年	2007 年	2008 年	2009 年	2010 年	2011 年	2012 年	平均综合评价结果
安庆市	0.028	-0.016	-0.003	-0.011	0.002	-0.005	0.020	0.015	-0.005	0.025
黄山市	-0.130	-0.102	-0.051	-0.072	-0.039	-0.060	-0.075	-0.061	-0.079	-0.669
滁州市	-0.060	-0.044	-0.052	-0.053	-0.034	-0.063	0.002	-0.006	-0.006	-0.315
阜阳市	-0.134	-0.034	-0.064	-0.158	-0.137	-0.132	-0.118	-0.115	-0.071	-0.962
宿州市	-0.097	-0.059	-0.152	-0.153	-0.127	-0.157	-0.161	-0.189	-0.201	-1.296
巢湖市	-0.081	-0.160	-0.085	-0.206	-0.164	-0.192	-0.141	-0.174	-0.143	-1.347
六安市	-0.153	-0.066	-0.191	-0.210	-0.179	-0.171	-0.157	-0.185	-0.115	-1.427
亳州市	-0.152	-0.126	-0.169	-0.177	-0.175	-0.195	-0.148	-0.169	-0.129	-1.438
池州市	-0.286	-0.140	-0.242	-0.180	-0.150	-0.150	-0.099	-0.118	-0.120	-1.485
宣城市	-0.194	-0.055	-0.378	-0.188	-0.147	-0.166	-0.125	-0.128	-0.068	-1.448
南昌市	0.298	0.308	0.275	0.285	0.179	0.259	0.256	0.331	0.304	2.497
景德镇	0.058	-0.018	0.061	0.093	0.065	0.067	0.104	0.066	0.039	0.536
萍乡市	-0.028	-0.088	-0.029	-0.044	-0.099	-0.125	-0.111	-0.103	-0.072	-0.698
九江市	-0.033	-0.075	-0.040	0.020	0.047	0.058	0.058	0.106	0.038	0.180
新余市	-0.101	-0.092	-0.087	-0.075	-0.081	-0.123	-0.083	-0.025	0.017	-0.650
鹰潭市	-0.028	-0.106	-0.006	-0.015	-0.017	0.045	0.032	0.058	0.042	0.004
赣州市	-0.107	-0.095	-0.062	-0.028	-0.018	-0.054	-0.052	-0.019	-0.051	-0.487
吉安市	-0.236	-0.239	-0.208	-0.155	-0.144	-0.151	-0.133	-0.138	-0.054	-1.459

续表

地区	2004 年	2005 年	2006 年	2007 年	2008 年	2009 年	2010 年	2011 年	2012 年	平均综合评价结果
宜春市	-0.262	-0.168	-0.237	-0.189	-0.162	-0.194	-0.179	-0.171	-0.122	-1.684
抚州市	-0.246	-0.133	-0.213	-0.219	-0.092	-0.143	-0.179	-0.153	-0.133	-1.511
上饶市	-0.183	-0.071	-0.175	-0.169	-0.035	-0.041	-0.174	-0.062	-0.121	-1.031
郑州市	0.307	0.312	0.387	0.417	0.408	0.487	0.371	0.373	0.367	3.427
开封市	0.076	0.013	0.040	0.065	0.054	0.066	0.065	0.050	0.045	0.475
洛阳市	0.160	0.126	0.187	0.212	0.148	0.204	0.140	0.150	0.154	1.482
平顶山	-0.023	-0.019	-0.018	-0.009	-0.028	0.016	0.005	0.019	0.005	-0.052
安阳市	0.044	0.029	0.044	0.012	0.007	0.027	0.019	-0.002	0.000	0.180
鹤壁市	-0.042	-0.067	-0.028	-0.032	-0.030	-0.010	-0.035	-0.047	-0.041	-0.332
新乡市	0.230	0.182	0.104	0.144	0.094	0.121	0.093	0.062	0.072	1.102
焦作市	0.085	0.049	0.108	0.098	0.066	0.097	0.079	0.063	0.021	0.665
濮阳市	0.088	0.076	0.082	0.014	-0.017	-0.002	-0.036	-0.027	0.016	0.193
许昌市	0.180	0.178	0.275	0.278	0.238	0.350	0.367	0.352	0.283	2.502
漯河市	0.383	0.306	0.033	-0.082	-0.056	-0.086	-0.101	-0.105	-0.081	0.211
三门峡	-0.021	-0.100	-0.025	-0.034	-0.073	-0.066	-0.093	-0.064	-0.070	-0.546
南阳市	-0.041	0.012	-0.039	-0.076	-0.039	-0.070	-0.083	-0.085	-0.074	-0.495
商丘市	-0.074	-0.010	-0.084	-0.113	-0.106	-0.120	-0.124	-0.134	-0.095	-0.861
信阳市	-0.113	-0.025	-0.112	-0.134	-0.075	-0.129	-0.126	-0.134	-0.092	-0.941

续表

地区	2004 年	2005 年	2006 年	2007 年	2008 年	2009 年	2010 年	2011 年	2012 年	平均综合评价结果
周口市	0.078	0.121	0.179	0.087	0.038	0.057	0.038	-0.012	-0.030	0.555
驻马店	-0.027	-0.026	-0.031	0.011	0.026	0.001	-0.012	-0.027	-0.067	-0.152
武汉市	0.542	0.620	0.507	0.773	0.820	0.738	0.727	0.702	0.674	6.103
黄石市	0.149	0.096	0.158	0.158	0.060	0.127	0.126	0.124	0.139	1.137
十堰市	0.065	-0.018	0.059	0.050	0.064	0.031	0.126	-0.018	-0.009	0.350
宜昌市	0.005	0.018	0.001	-0.013	-0.024	-0.067	-0.018	-0.035	-0.031	-0.164
襄阳市	-0.009	0.062	0.014	-0.004	0.029	-0.017	-0.040	-0.047	0.000	-0.012
鄂州市	-0.051	-0.017	-0.091	-0.094	-0.065	-0.096	-0.093	-0.085	-0.066	-0.658
荆门市	-0.003	-0.013	-0.010	-0.039	-0.027	-0.079	-0.038	-0.069	-0.071	-0.347
孝感市	-0.060	-0.040	-0.073	-0.133	-0.098	-0.133	-0.131	-0.155	-0.121	-0.944
荆州市	-0.061	-0.061	-0.093	-0.102	-0.068	-0.109	-0.089	-0.076	-0.087	-0.746
黄冈市	0.084	0.056	0.056	0.044	0.039	0.053	0.046	0.056	0.085	0.518
咸宁市	-0.097	-0.094	-0.115	-0.138	-0.105	-0.122	-0.107	-0.081	-0.096	-0.956
随州市	-0.099	-0.089	-0.117	-0.130	-0.090	-0.123	-0.122	-0.144	-0.125	-1.041
长沙市	0.532	0.553	0.576	0.630	0.533	0.626	0.662	0.650	0.541	5.303
株洲市	0.164	0.092	0.146	0.167	0.137	0.158	0.135	0.196	0.130	1.325
湘潭市	0.207	0.175	0.230	0.205	0.097	0.180	0.175	0.062	0.053	1.384
衡阳市	0.023	-0.046	0.022	0.049	0.051	0.057	0.056	0.065	0.181	0.458

资源平衡视角下城市产业结构优化研究

续表

地区	2004年	2005年	2006年	2007年	2008年	2009年	2010年	2011年	2012年	平均综合评价结果
邵阳市	-0.114	-0.088	-0.019	0.020	-0.020	-0.023	-0.024	-0.053	-0.043	-0.365
岳阳市	0.133	0.051	0.090	0.099	0.072	0.117	0.100	0.038	0.033	0.733
常德市	-0.094	-0.063	-0.108	-0.054	-0.021	-0.056	-0.071	-0.073	-0.051	-0.591
张家界	-0.217	-0.130	-0.180	-0.188	-0.143	-0.170	-0.164	-0.158	-0.141	-1.492
益阳市	-0.142	-0.066	-0.190	-0.202	-0.166	-0.197	-0.181	-0.147	-0.129	-1.420
郴州市	-0.108	-0.070	-0.091	-0.091	-0.094	-0.118	-0.095	-0.100	-0.065	-0.831
永州市	-0.167	-0.085	-0.164	-0.144	-0.128	-0.143	-0.139	-0.151	-0.136	-1.257
怀化市	-0.116	-0.134	-0.108	-0.094	-0.100	-0.114	-0.101	-0.108	-0.161	-1.037
娄底市	0.018	-0.015	0.063	0.042	0.033	0.004	0.023	-0.005	-0.074	0.088

资料来源: 2005～2013年《中国城市统计年鉴》《中国城市年鉴》《中国区域经济年鉴》。

为更直观地显示中部地区各城市资源承载力水平，根据计算出的平均综合得分进行处理：

$$Z = (E - MIN)/(MAX - MIN) \times 100 \div 1.25 + 20 \quad (5-2)$$

得到百分制的中部地区城市资源承载力得分，将得分进行排序，得出最终结果如表 5-9 所示。

表 5-9　　　　中部地区各城市 2004~2012 年
城市资源承载力评价结果和排名

地区	评价结果	排名	地区	评价结果	排名	地区	评价结果	排名
武汉市	100	1	安阳市	39.708 57	28	商丘市	29.113 29	55
长沙市	91.854 69	2	九江市	39.707 58	29	晋中市	28.568 68	56
合肥市	82.054 84	3	娄底市	38.773 95	30	信阳市	28.296 88	57
郑州市	72.763 03	4	安庆市	38.124 35	31	孝感市	28.262 61	58
芜湖市	65.030 55	5	鹰潭市	37.913 78	32	咸宁市	28.144 85	59
许昌市	63.338 54	6	襄樊市*	37.750 34	33	阜阳市	28.077 78	60
南昌市	63.292 56	7	平顶山市	37.342 92	34	上饶市	27.375 18	61
马鞍山市	58.630 72	8	驻马店市	36.322 05	35	怀化市	27.319 48	62
太原市	57.400 39	9	宜昌市	36.206 14	36	随州市	27.276 76	63
洛阳市	52.956 64	10	长治市	35.040 57	37	临汾市	26.882 7	64
湘潭市	51.965 36	11	滁州市	34.662 94	38	阳泉市	25.515 89	65
株洲市	51.360 28	12	鹤壁市	34.492 7	39	永州市	25.074 47	66
黄石市	49.450 65	13	荆门市	34.336 8	40	宿州市	24.684 81	67
新乡市	49.094 94	14	邵阳市	34.155 46	41	巢湖市	24.163 32	68
铜陵市	47.426 05	15	淮北市	33.974 76	42	吕梁市	23.974 24	69
岳阳市	45.330 86	16	赣州市	32.916 97	43	益阳市	23.413 84	70
焦作市	44.646 84	17	南阳市	32.834 29	44	六安市	23.344 36	71
晋城市	43.560 6	18	三门峡市	32.318 14	45	亳州市	23.230 44	72
周口市	43.525 75	19	大同市	32.163 37	46	宣城市	23.134 29	73
景德镇市	43.328 56	20	淮南市	31.900 45	47	吉安市	23.019 27	74
黄冈市	43.150 99	21	常德市	31.853 76	48	池州市	22.753 14	75
蚌埠市	43.133 86	22	新余市	31.261 41	49	张家界市	22.688 65	76
开封市	42.704 34	23	鄂州市	31.172 73	50	抚州市	22.487 67	77
衡阳市	42.532 37	24	黄山市	31.065 59	51	朔州市	22.365 53	78
十堰市	41.437 01	25	萍乡市	30.763 89	52	运城市	21.515 06	79
漯河市	40.018 11	26	荆州市	30.276 78	53	宜春市	20.732 48	80
濮阳市	39.833 62	27	郴州市	29.408 82	54	忻州市	20	81

注：2010 年 12 月，襄樊市正式更名为襄阳市。

资料来源：2005~2013 年《中国城市统计年鉴》《中国城市年鉴》《中国区域经济年鉴》。

从表 5 – 10 可以看出，中部 81 个城市中，省会城市资源承载力排名都比较靠前，其中，武汉市最优，太原市在省会城市中排名最后。这是因为省会城市与其他城市相比，作为一个地区的政治文化中心，城市功能更完善，在资源利用、生态建设、重大基础设施建设以及科技进步等方面上优于一般城市，因此，城市对国民经济和社会发展的综合承载力通常也要高于一般城市。从 2004~2012 年各省会城市动态得分来看，在 6 个城市中，太原市城市资源承载力在这一期间呈下降趋势，其余城市资源承载力都有不同程度的提升，说明太原市城市资源承载力在这一期间是恶化的，造成城市承载力下降的原因和长期以来资源型、粗放型的经济增长方式所带来的承载压力有一定关系，一方面和太原市地处黄土高原、水资源短缺、生态环境本身比较脆弱的现实情况有关，另一方面也说明了太原市在面临资源枯竭问题时城市转型发展尚未取得显著成效，城市环境仍在恶化，市民生存质量也未得到改善。在其他城市中，河南省城市整体承载水平较好，其次是湖北省、湖南省、安徽省、山西省，各具体城市承载力动态变化如下。

山西省 11 个城市中，2004~2012 年，大部分地区城市承载力都处于较低水平。城市资源承载力上升的城市有朔州市、晋中市、吕梁市和忻州市，其他城市资源承载力都呈下降趋势。在各要素承载力中，资源环境消耗成为制约城市发展的关键因素，说明在这些城市中，单纯的资源依赖型发展模式对环境造成了极大的压力，制约了经济的可持续发展，城市若要进一步发展，则需要强化对资源的综合利用，才能提升城市资源承载力。同时，在水资源和土地效益上也受一定程度的制约，基本上这些城市地处我国水资源短缺的黄土高原地区，地形以山地丘陵为主，相对平原地区来说可用水量和土地效益较低，成为城市发展的硬性约束瓶颈，且这些城市由于长期以来以煤炭采选为基础的城市产业链，工业生产废弃物对水资源、土地资源的过度开采和污染问题比较严重，又加剧了这些地区城市资源承载力的恶化。

安徽省 17 个城市中，2004～2012 年，城市承载力具有典型的分级特征，发展趋于两极分化，合肥市、芜湖市、马鞍山市、铜陵市的城市资源承载力状况较好，其他城市承载力状况较差。城市资源承载力上升的城市有合肥市、铜陵市、黄山市、滁州市、阜阳市、六安市、亳州市、池州市、宣城市，芜湖市、蚌埠市、淮南市、马鞍山市、淮北市、安庆市、宿州市、巢湖市城市资源承载力呈下降态势。在各要素承载力中，对城市资源承载力影响较大的是交通因素，说明在这些城市中，城市若要进一步发展，则需要加强基础设施建设，完善综合交通体系，促进城市功能得到合理改善。

江西省 11 个城市中，2004～2012 年，整体承载力水平不高，南昌市、景德镇市、九江、鹰潭城市资源承载力状况较好，其他城市相对较差。城市资源承载力整体呈上升趋势，景德镇市和萍乡市承载力略有下降。从要素承载力来看，江西省城市资源承载力受水资源承载力和设施承载力影响较大，说明江西省虽然有丰富的水资源，但开发利用效率不高，水资源开发利用程度不足，要提升城市资源承载力，就要强化水资源管理，增强节水意识，同时，也要注重对城市交通体系的完善，完善现代化城市功能布局，从而提升城市的整体资源承载力水平。

河南省 17 个城市中，2004～2012 年，城市承载力也呈现出分级特征，发展趋于两极分化。郑州市、平顶山市、鹤壁市、许昌市、信阳市城市资源承载力呈上升趋势，开封市、洛阳市、安阳市、新乡市、焦作市、濮阳市、漯河市、三门峡市、南阳市、商丘市、周口市、驻马店市城市资源承载力呈下降趋势。从要素承载力来看，影响城市资源承载力的主要是人口规模，在人均GDP、人均建设用地上压力较其他地区大，由于经济发展水平不高，人口规模相对较大，导致了城市资源承载能力发展的后劲不足。要提升城市资源承载力，一方面要推动城市经济发展，另一方面也要强化对城市资源的集约利用。

湖北省 12 个城市中，2004～2012 年，武汉市城市资源承载力水平最高且呈上升趋势，襄阳市、咸宁市、随州市承载力也呈上升趋势，其他城市呈下降趋势，十堰市下降幅度最大。就要素承载力来看，影响湖北省城市资源承载力的主要是区际交流上，说明在这一地区，资源要素、产品以及人员流动影响了城市资源承载力的提升。要提升城市资源承载力，需要增强城市的服务功能、就业吸纳以及要素聚集能力，提高城市开放水平，营造良好的开放环境，从而促进城市资源承载力的提升。

湖南省 13 个城市中，2004～2012 年，长沙市、衡阳市、邵阳市、常德市、张家界市、益阳市、永州市城市资源承载力呈上升趋势，株洲市、湘潭市、岳阳市、郴州市、怀化市、娄底市承载力呈下降趋势。在各要素承载力中，对城市资源承载力影响较大的是水资源潜力，湖南省内水资源丰富，但存在开发利用不足的问题，水资源利用率低，加上对水资源的污染浪费，都对水资源承载力造成了影响。要提升城市资源承载力，需要提高水资源利用效率，对传统工业布局和农业种植结构作出调整，强化水资源管理。

5.2.2 中部地区城市资源承载力类型划分及空间差异

根据城市资源承载力状况和特点进行分级，可以更好地反映城市资源承载力的实际情况。决定评价是否成功的关键除了建立科学的评价指标体系外，还要构建评价标准，对中部地区城市资源承载力的评价标准是在中部地区 81 个城市的资源承载力定量评价结果上，用聚类分析方法对中部地区 81 个城市的资源承载力得分进行聚类，聚类分析可以探测不同对象间的相似性，并将对象划分到不同的簇中。聚类分析方法包括系统聚类法、动态聚类法、K - 均值、K - 中心点聚类等聚类方法，这里具体采用系统聚类的方法。

根据中部地区 81 个城市的资源承载力评价分值的得分结果，利用 SPSS 软件对中部地区城市综合资源承载力的得分结果进行系统聚类，得到表 5 – 10、表 5 – 11 以及表 5 – 12。

表 5 – 10　中部地区 2004 ~ 2012 年资源承载力得分聚类结果

类别	地区
第一类	武汉市、长沙市
第二类	合肥市、郑州市
第三类	太原市、芜湖市、马鞍山市、南昌市、许昌市
第四类	晋城市、蚌埠市、铜陵市、安庆市、景德镇市、九江市、鹰潭市、开封市、洛阳市、平顶山、安阳市、新乡市、焦作市、濮阳市、漯河市、周口市、驻马店市、黄石市、十堰市、宜昌市、襄阳市、黄冈市、株洲市、湘潭市、衡阳市、岳阳市、娄底市
第五类	大同市、阳泉市、长治市、朔州市、晋中市、运城市、忻州市、临汾市、吕梁市、淮南市、淮北市、黄山市、滁州市、阜阳市、宿州市、巢湖市、六安市、亳州市、池州市、宣城市、萍乡市、新余市、赣州市、吉安市、宜春市、抚州市、上饶市、鹤壁市、三门峡市、南阳市、商丘市、信阳市、鄂州市、荆门市、孝感市、荆州市、咸宁市、随州市、邵阳市、常德市、张家界市、益阳市、郴州市、永州市、怀化市

资料来源：经 SPSS 软件计算结果整理得出。

表 5 – 11　中部地区 2004 年资源承载力综合得分聚类结果

类别	地区
第一类	武汉市、长沙市
第二类	合肥市、郑州市、芜湖市、南昌市、漯河市
第三类	太原市、晋城市、蚌埠市、马鞍山市、洛阳市、新乡市、许昌市、黄石市、株洲市、湘潭市、岳阳市

资源平衡视角下城市产业结构优化研究

续表

类别	地区
第四类	大同市、长治市、淮南市、淮北市、铜陵市、安庆市、滁州市、巢湖市、景德镇市、萍乡市、九江市、鹰潭市、开封市、平顶山市、安阳市、鹤壁市、焦作市、濮阳市、三门峡市、南阳市、商丘市、周口市、驻马店市、十堰市、宜昌市、襄阳市、鄂州市、荆门市、孝感市、荆州市、黄冈市、衡阳市、娄底市
第五类	阳泉市、朔州市、晋中市、运城市、忻州市、临汾市、吕梁市、黄山市、阜阳市、宿州市、六安市、亳州市、池州市、宣城市、新余市、赣州市、吉安市、宜春市、抚州市、上饶市、信阳市、咸宁市、随州市、邵阳市、常德市、张家界市、益阳市、郴州市、永州市、怀化市

资料来源：经 SPSS 软件计算结果整理得出。

表 5-12　中部地区 2012 年综合资源承载力综合得分聚类结果

类别	地区
第一类	武汉市、长沙市、合肥市
第二类	芜湖市、南昌市、郑州市、许昌市
第三类	太原市、马鞍山市、铜陵市、洛阳市、黄石市、株洲市、衡阳市
第四类	晋城市、蚌埠市、安庆市、滁州市、景德镇市、九江市、新余市、鹰潭市、开封市、平顶山市、安阳市、新乡市、焦作市、濮阳市、十堰市、襄阳市、黄冈市、湘潭市、岳阳市
第五类	大同市、阳泉市、长治市、朔州市、晋中市、运城市、忻州市、临汾市、吕梁市、淮南市、淮北市、黄山市、阜阳市、宿州市、巢湖市、六安市、亳州市、池州市、宣城市、萍乡市、赣州市、吉安市、宜春市、抚州市、上饶市、鹤壁市、漯河市、三门峡市、南阳市、商丘市、信阳市、周口市、驻马店市、宜昌市、鄂州市、荆门市、孝感市、荆州市、咸宁市、随州市、邵阳市、常德市、张家界市、益阳市、郴州市、永州市、怀化市、娄底市

资料来源：经 SPSS 软件计算结果整理得出。

根据系统聚类结果，将中部地区城市资源承载力评价的分级标准确定为 5 个等级，并依据这一分级标准将中部地区城市资源承载力类型划分为 5 个类型。

第一类为高等级承载区，在这一区域，城市资源承载力评价指数高，城市承载状况好，城市发展所带来的压力对城市承载力压力远未影响到城市的持续发展，有很大的发展空间。第二类为较高等级，在这一区域，城市综合资源承载力评价指数相对较高，城市承载状况基本良好，城市发展所带来的压力不大，城市发展未受城市承载力的限制。第三类为中等级，在这一区域，城市综合资源承载力评价指数处于中等水平，城市承载状况基本接近限值，城市资源对城市发展的支撑功能有所减退，城市承载力基本能满足城市社会进步和经济发展的需要。第四类为低等级，在这一区域，城市综合资源承载力评价指数较低，城市承载力状况较差，城市资源对城市发展的支撑功能受损，城市资源支撑能力较低，但可以通过一定手段调节缓解。第五类为弱等级，在这一区域，城市综合资源承载力评价指数极低，城市承载力状况差，城市资源对城市的发展支撑功能差，必须通过科学的手段进行调节才能保障未来城市的进一步持续发展。

根据对中部地区城市资源承载力的类型划分，可以看出，武汉、长沙在 2004~2012 年始终处在第一类别地区；合肥市、郑州市、太原市、芜湖市、马鞍山市、南昌市、许昌市在 2004~2012 年，城市资源承载力在第二类别地区；其余地区城市资源承载力都处在较低水平。

从 2004~2012 年各城市动态变化来看，可得以下结论。

第一类别武汉市和长沙市，城市综合资源承载力处于较高水平。具体来看，城市承载力较 2004 年还有提升，说明城市承载状况好，城市发展所带来的压力对城市承载力压力远未影响到城市的持续发展，有很大的发展空间，这是因为随着这些地区城市的发展，相应的城市功能也得到了提升，带来了城市综合资源承载力的提升。

第二类别中，合肥市由第二类别进入第一类别；漯河市由第二类别掉入第五类别，其他城市变化不大。这说明在 2004~2012 年，合肥市城市资源承载力得到了改善，而漯河市城市承载力则恶化严重，城市发展已经超出了城市承载的容量，迫切需要采取措施增强城市承载力。

第三类别中，许昌市承载力水平呈上升趋势，新乡市、蚌埠市、晋城市、湘潭市、岳阳市从第三类别掉入第四类别，其余城市则变化不大。这一类别属于中等承载状态，城市承载状况基本接近限值，城市资源对城市发展的支撑功能有所减退，城市承载力基本能满足城市社会进步和经济发展的需要。这一类别中城市的变化，说明在 2004～2012 年，除许昌市提升了城市承载力，适应了城市发展的需要外，新乡市、蚌埠市、晋城市、湘潭市、岳阳市城市的城市承载力状况开始恶化。

第四类别中，衡阳市、九江市、铜陵市从第四类别升入第三类别，大同市、长治市、淮南市、淮北市、巢湖市、萍乡市、鹤壁市、三门峡市、南阳市、商丘市、周口市、驻马店市、宜昌市、鄂州市、荆门市、孝感市、荆州市、娄底市、由第四类别掉到第五类别，说明在 2004～2012 年，衡阳、九江市、铜陵市这三个城市的城市承载力通过一定的途径得到了调节，原先受损的城市支撑功能得到了改善，而承载等级下降的城市，由于忽视了城市承载力，导致承载力容量进一步下降，若继续以这种态势发展下去将暴露出更多的问题。

第五类别是弱等级区域，这一区域的城市，城市承载力状况本身就相对较差，城市资源承载力的支撑功能差，而在这一区域的城市承载力在 2004～2012 年基本没有改善，城市发展环境持续恶化。

从中部地区各城市综合资源承载力变动情况来看，承载力空间变化显著，在 81 个城市中，除个别地区城市综合资源承载力得到改善外，大部分地区承载力水平呈下降趋势，这是由于城市人口的增加、经济的发展导致的城市资源的压力变大，城市的发展同承载力之间的平衡关系被打破，而又未能采取有效的措施进行调节，导致城市超出了其承载能力。若不通过采取科学的手段解决好资源保护、生态建设、重大基础设施建设等城市发展的主要环节，随之而来的将是城市环境的恶化。

5.3　中部地区城市产业结构优化测度

5.3.1　中部地区产业结构优化的纵向评价

5.3.1.1　数据来源及处理

运用产业结构优化纵向评价的数据包络模型，对中部地区1978~2011年的产业结构优化进行纵向评价，揭示中部地区改革开放以来产业结构优化的动态演化过程。

考虑到产业发展投入的人力、资金以及资源消耗，选取6个投入指标：第一产业从业人数、第二产业从业人数、第三产业从业人数、固定资产投资额、农作物播种面积、能源消费总量；选取4个输出指标：第一产业增加值、第二产业增加值、第三产业增加值、地方财政收入，在本章中仍然采用这些指标对中部地区产业结构优化进行纵向评价。基础数据来源于1981~2012年《中国统计年鉴》、1985~2012年《中国城市统计年鉴》、2006~2011年《中国城市建设统计年鉴》、1989~2012年《中国劳动统计年鉴》、《全国各省、自治区、直辖市历史统计资料汇编》以及中部地区各省历年统计年鉴。

运用数据包络分析软件 MaxDEA 6，对基础数据进行评估分析。

5.3.1.2　中部产业结构优化纵向评价的实证分析

首先把中部地区第 j 个年份（$j=1$，2，3，…，34）的投入产出数据代入 CCR 模型，求出第 j 个年份的相对综合效率值 θ_j。θ 反映了不同年份中部地区产业实际投入与最佳产出之间的差距，综合效率的数值越大，说明相对于其他年份，DMU_j 的产业效率越高，产业的投入产出比例越大，资源的配置状态趋向于合理，产业结构的优化程度越高；综合效率的数值越小，则表示相对其他年份，DMU_j 通过对产业产出结构的优化，对产业结构优化的促进作用越明显，产业结构优化的空间越大。然后将求得的 θ_j 和 k_j 代入 CCR 模型，求出中部地区产业的投入冗余额 S^- 和产出不足额 S^-。中部地区 1978～2011 年各年份的产业效率及有效性见表 5-13，结果统计如表 5-14 所示。

表 5-13　　　　　　中部地区产业效率分析结果

年份	综合效率（CRS）	纯技术效率（VRS）	规模效率	RTS
1978	1.000	1.000	1.000	有效/Constant
1979	1.000	1.000	1.000	有效/Constant
1980	1.000	1.000	1.000	有效/Constant
1981	1.000	1.000	1.000	有效/Constant
1982	0.935	0.994	0.941	无效/Increasing
1983	0.916	1.000	0.916	无效/Increasing
1984	0.836	0.998	0.838	无效/Increasing
1985	0.771	0.998	0.773	无效/Increasing
1986	0.805	0.996	0.808	无效/Decreasing
1987	0.826	0.996	0.830	无效/Decreasing
1988	0.842	1.000	0.842	无效/Decreasing
1989	1.000	1.000	1.000	有效/Decreasing
1990	1.000	1.000	1.000	有效/Constant
1991	1.000	1.000	1.000	有效/Constant
1992	0.991	0.998	0.993	无效/Increasing
1993	1.000	1.000	1.000	有效/Decreasing
1994	0.952	1.000	0.952	无效/Increasing
1995	0.991	1.000	0.991	无效/Decreasing

续表

年份	综合效率（CRS）	纯技术效率（VRS）	规模效率	RTS
1996	1.000	1.000	1.000	有效/Decreasing
1997	1.000	1.000	1.000	有效/Constant
1998	1.000	1.000	1.000	有效/Constant
1999	1.000	1.000	1.000	有效/Constant
2000	1.000	1.000	1.000	有效/Constant
2001	1.000	1.000	1.000	有效/Constant
2002	1.000	1.000	1.000	有效/Constant
2003	1.000	1.000	1.000	有效/Constant
2004	1.000	1.000	1.000	有效/Constant
2005	1.000	1.000	1.000	有效/Constant
2006	1.000	1.000	1.000	有效/Constant
2007	1.000	1.000	1.000	有效/Constant
2008	1.000	1.000	1.000	有效/Constant
2009	0.940	0.992	0.948	无效/Increasing
2010	0.951	0.990	0.960	无效/Decreasing
2011	1.000	1.000	1.000	有效/Decreasing

注：Increasing 表示规模报酬递增，Constant 表示规模报酬不变，Decreasing 表示规模报酬递减。

资料来源：1981~2012 年《中国统计年鉴》、1985~2012 年《中国城市统计年鉴》、2006~2011 年《中国城市建设统计年鉴》、1989~2012 年《中国劳动统计年鉴》，全国各省、自治区、直辖市历史统计资料汇编，以及中部地区各省历年统计年鉴。

根据西方经济学中生产与成本理论，在生产规模扩大的时候，产量或者收益的增加速度同生产要素的投入速度并不总是一直同步。规模报酬存在三种情况：规模报酬递增、规模报酬不变、规模报酬递减。规模报酬递增是指产量或者收益的增加速度快于生产要素投入的增加速度；规模报酬不变是指产量或者收益的增加速度等于生产要素投入的增加速度；规模报酬递减是指产量或者收益的增加速度慢于生产要素投入的增加速度。

表5-14 1978~2011年中部地区产业结构DEA结果统计

年份	θ	k	S_1^-	S_2^-	S_3^-	S_4^-	S_5^-	S_6^-	S_1^+	S_2^+	S_3^+	S_4^+
1978	1.00	1.00	0.00	0.00	0.00	0.00	0.00	0.00	0.00	0.00	0.00	0.00
1979	1.00	1.00	0.00	0.00	0.00	0.00	0.00	0.00	0.00	0.00	0.00	0.00
1980	1.00	1.00	0.00	0.00	0.00	0.00	0.00	0.00	0.00	0.00	0.00	0.00
1981	1.00	1.00	0.00	0.00	0.00	0.00	0.00	0.00	0.00	0.00	0.00	0.00
1982	0.94	0.87	-461.56	0.00	-28.92	0.00	-2 774.62	-610.72	0.00	38.13	48.66	6.45
1983	0.92	0.80	-936.34	0.00	-90.41	0.00	-4 894.38	-1 544.72	0.00	41.33	82.15	4.63
1984	0.84	0.77	-316.76	0.00	-70.98	0.00	-2 795.30	-956.14	0.00	21.95	106.42	7.27
1985	0.77	0.69	-199.95	-141.14	0.00	0.00	-2 851.30	-691.96	0.00	15.36	132.86	0.00
1986	0.80	0.71	-361.08	-145.08	0.00	0.00	-3 575.82	-609.06	0.00	61.41	155.75	0.00
1987	0.83	0.78	0.00	-73.67	0.00	0.00	-1 861.75	-277.45	0.00	81.78	156.84	0.00
1988	0.84	0.80	0.00	-79.40	0.00	0.00	-1 307.94	-764.66	0.00	0.00	116.94	0.00
1989	1.00	1.00	0.00	0.00	0.00	0.00		0.00	0.00	0.00	0.00	0.00
1990	1.00	1.00	0.00	0.00	0.00	0.00		0.00	0.00	0.00	0.00	0.00
1991	1.00	1.00	0.00	0.00	0.00	0.00	0.00	0.00	60.89	0.00	0.00	0.00
1992	0.99	0.98	-253.21	-165.33	-56.45	0.00	0.00	-1 000.74	0.00	0.00	95.73	0.00
1993	1.00	1.00	0.00	0.00	0.00	0.00	0.00	0.00	0.00	0.00	0.00	0.00
1994	0.95	0.93	-11.32	-417.12	-24.01	0.00	0.00	-2 168.35	0.00	0.00	435.42	136.79
1995	0.99	0.98	0.00	-169.12	-65.28	0.00	-52.69	-3 872.42	0.00	0.00	111.76	69.40

续表

年份	θ	k	S^-						S^+			
			S_1^-	S_2^-	S_3^-	S_4^-	S_5^-	S_6^-	S_1^+	S_2^+	S_3^+	S_4^+
1996	1.00	1.00	0.00	0.00	0.00	0.00	0.00	0.00	0.00	0.00	0.00	0.00
1997	1.00	1.00	0.00	0.00	0.00	0.00	0.00	0.00	0.00	0.00	0.00	0.00
1998	1.00	1.00	0.00	0.00	0.00	0.00	0.00	0.00	0.00	0.00	0.00	0.00
1999	1.00	1.00	0.00	0.00	0.00	0.00	0.00	0.00	0.00	0.00	0.00	0.00
2000	1.00	1.00	0.00	0.00	0.00	0.00	0.00	0.00	0.00	0.00	0.00	0.00
2001	1.00	1.00	0.00	0.00	0.00	0.00	0.00	0.00	0.00	0.00	0.00	0.00
2002	1.00	1.00	0.00	0.00	0.00	0.00	0.00	0.00	0.00	0.00	0.00	0.00
2003	1.00	1.00	0.00	0.00	0.00	0.00	0.00	0.00	0.00	0.00	0.00	0.00
2004	1.00	1.00	0.00	0.00	0.00	0.00	0.00	0.00	0.00	0.00	0.00	0.00
2005	1.00	1.00	0.00	0.00	0.00	0.00	0.00	0.00	0.00	0.00	0.00	0.00
2006	1.00	1.00	0.00	0.00	0.00	0.00	0.00	0.00	0.00	0.00	0.00	0.00
2007	1.00	1.00	0.00	0.00	0.00	0.00	0.00	0.00	0.00	0.00	0.00	0.00
2008	1.00	1.00	0.00	0.00	0.00	0.00	0.00	0.00	0.00	0.00	0.00	0.00
2009	0.94	0.92	0.00	−167.90	−233.90	0.00	−578.92	0.00	31.95	2 884.76	0.00	682.57
2010	0.95	0.94	−47.90	0.00	−32.37	0.00	−531.36	0.00	0.00	2 349.63	619.41	830.66
2011	1.00	1.00	0.00	0.00	0.00	0.00	0.00	0.00	0.00	0.00	0.00	0.00

资料来源：1981~2012 年《中国统计年鉴》，1985~2012 年《中国城市统计年鉴》，2006~2011 年《中国城市建设统计年鉴》，1989~2012 年《中国劳动统计年鉴》，全国各省、自治区、直辖市历史统计资料汇编，以及中部地区各省历年统计年鉴。

　　根据表 5－13 中部地区 1978～2011 年的产业效率分析结果，可以把 34 个决策单元分为三类。

　　综合效率 CRS 为 1 的年份，在这些年份的规模效率和技术效率是有效的，规模报酬是不变的，在这些年份生产要素的投入规模和产出规模相对比较合理，产业完全享受了规模效率和技术效率带来的全部好处，投入和报酬之间不存在效率损失，这样的年份在 34 年中共有 22 个，分别是 1978 年、1979 年、1980 年、1981 年、1989 年、1990 年、1991 年、1993 年、1996 年、1997 年、1998 年、1999 年、2000 年、2001 年、2002 年、2003 年、2004 年、2005 年、2006 年、2007 年、2008 年、2011 年。

　　纯技术效率 VRS 较高，规模效率值等于综合效率值，表明在这些年份规模效率和技术效率是无效的，产业生产要素的投入规模和产出规模的不合理导致了综合效率的低下，产业没有享受到技术效率和规模效率带来的全部好处，这样的年份在 34 年中共有 4 个，分别是 1983 年、1988 年、1994 年、1995 年。其中，1983 年、1994 年呈现规模报酬递增趋势，1988 年、1995 年呈现规模报酬递减趋势。

　　综合效率、纯技术效率以及规模效率三项效率的指标值都低于平均水平，表明在这些年份 DMU_j 是无效的，产业要素利用率低下，生产要素的投入规模和产出规模不合理，导致了产业效率低下，这样的年份在 34 年中共有 8 个，分别是 1982 年、1984 年、1985 年、1986 年、1987 年、1992 年、2009 年、2010 年。

　　从规模报酬趋势来看，从 1994 年开始，中部地区产业发展呈现出规模收益递减的趋势，表明单纯依赖增加生产要素投入对产量和收益的增加速度带来的影响变慢了，应当通过对不合理的产业结构进行优化，提升产业结构的合理化程度，进而提高产业结构的效益。

　　结合表 5 - 13 和表 5 - 14，中部地区 1978 ~ 2011 年产业结构中，有 22 年达到 DEA 有效，在这些年份中，$\theta = 1$，且 S^-、S^+ 都等于 0，中部地区产业结构在原投入基础上获得的产出达到最优规模，在 1978 ~ 2011 年产业结构构造的生产可能集 T 中，$T = \{(X,Y) / \sum\limits_{j=1}^{34} k_j X_j \leqslant X, \sum\limits_{j=1}^{34} k_j Y_j \geqslant Y, k_j \geqslant 0, j = 1,2,3,\cdots,34\}$，不存在比这 22 年更好的年份。1982 ~ 1988 年、1992 年、1994 年、1995 年、2009 年、2010 年为 DEA 无效，其中，规模报酬降低的年份为 1986 ~ 1988 年、1995 年和 2010 年，规模报酬增加的年份为 1982 ~ 1985 年、1992 年、1994 年和 2009 年，表明在这些年份，中部地区产业结构的投入产出没有达到最优比例，可以通过组合将投入降为原投入的 θ 比例而保持原有产出不变。

　　在中部地区 34 年中，松弛变量的指标除在 DEA 有效的 22 年之外，其他年份都存在一定的冗余（见表 5 - 13 和表 5 - 14），表明在这些年份中对应的投入要素对产业发展的作用未能完全发挥，资源要素没有得到充分利用。

　　具体而言，1982 年，中部地区在 S_1^- 第一产业从业人员数、S_3^- 第三产业从业人员数、S_5^- 农作物播种面积、S_6^- 能源消费中均存在投入冗余，在 S_2^+ 第二产业增加值、S_3^+ 第三产业增加值、S_4^+ 地方财政收入上均存在产出不足额，说明在这 34 年间产业结构构造的生产可能集 T 中存在比 1982 年更有效的决策单元，可以通过分别减少第一产业从业人员 461.56 万人、第三产业从业人员 28.92 万人、农作物播种面积 2 774.62 千公顷、能源消耗 610.73 万吨标准煤而保持各项产出不变。同时，在保持原有投资水平不变的情况下，第二产业增加值可以提高 38.12 亿元，第三产业增加值提高 48.66 亿元，地方财政收入提高 6.45 亿元。在这一年份，产业结构处于规模报酬递增阶段，在加强对要素的有效利用同时,适当增加要素投入量,可以带来更高比例的经济产出。

1983 年,中部地区在 S_1^- 第一产业从业人员数、S_3^- 第三产业从业人员数、S_5^- 农作物播种面积、S_6^- 能源消费中均存在投入冗余,在 S_2^+、S_3^+、S_4^+ 上均存在产出不足额,可以通过分别减少第一产业从业人员 936.34 万人、第三产业从业人员 90.405 6 万人、农作物播种面积 4 894.38 千公顷、能源消费 1 544.72 万吨标准煤而保持各项产出不变。在保持原投入水平不变的情况下,可以分别增加第二产业增加值、第三产业增加值以及地方财政收入 41.33 亿元、82.15 亿元、4.63 亿元。在这一年份,产业结构处于规模报酬递增阶段。

1984 年,中部地区在 S_1^- 第一产业从业人员数、S_3^- 第三产业从业人员数、S_5^- 农作物播种面积、S_6^- 能源消费中存在投入冗余,可以通过分别减少 316.76 万人第一产业从业人员、70.98 万人第三产业从业人员、2 795.3 千公顷农作播种面积、956.14 万吨标准煤而保持各项产出不变;在 S_2^+、S_3^+、S_4^+ 上存在产出不足额,在维持原投入水平的基础上,可以分别增加第二、第三产业增加值及财政收入 21.95 亿元、106.42 亿元、7.27 亿元。在这一年份,产业结构呈规模报酬递增趋势。

1985 年,中部地区在 S_1^- 第一产业从业人员数、S_2^- 第二产业从业人员数、S_5^- 农作物播种面积、S_6^- 能源消费中存在投入冗余,可以通过分别减少第一产业从业人员 199.95 万人、第二产业从业人员 141.15 万人、农作物播种面积 2 851.3 千公顷、能源消费 691.96 万吨标准煤而保持各项产出不变。在 S_2^+、S_3^+ 上存在产出不足,在原投入水平不变的情况下,可以增加第二产业增加值 15.36 亿元,第三产业增加值 132.86 亿元。在这一年份,产业结构呈规模报酬递增趋势。

1986 年,中部地区可以通过分别减少 S_1^- 第一产业从业人员

361.08 万人、S_2^- 第二产业从业人员 145.08 万人、S_5^- 农作物播
种面积 3 575.82 千公顷、S_6^- 能源消费 609.06 万吨标准煤而保持
原产出不变；在保持原投入水平不变的情况下，可以分别增加
S_2^+、S_3^+ 第二、第三产业增加值 61.41 亿元、155.75 亿元。在这
一年份，产业结构呈规模报酬递减趋势，说明产业发展存在资源
过度投入现象，投入增加的比例并不能带来相同比例的产出提
升，产业结构应侧重于对投入要素的有效利用方面的调整。

1987 年，中部地区可以通过分别减少 S_2^- 第二产业从业人员
73.67 万人、S_5^- 农作物播种面积 1 861.75 千公顷、S_6^- 能源消费
277.45 万吨标准煤而保持原产出不变；或者在维持原投入水平的
基础上，增加 81.78 亿元 S_2^+ 第二产业增加值、156.84 亿元 S_3^+ 第
三产业增加值。产业结构呈规模报酬递减趋势。

1988 年，中部地区可以通过减少 S_2^- 第二产业从业人员 79.4
万人、S_5^- 农作物播种面积 1 307.94 千公顷、S_6^- 能源消费 764.66
万吨标准煤而维持原产出规模不变；在原投入基础之上，可以增
加 S_3^+ 第三产业增加值 116.94 亿元。产业结构呈规模报酬递减
趋势。

1992 年，中部地区在 S_1^- 第一产业从业人员数、S_2^- 第二产业
从业人员数、S_3^- 第三产业从业人员数、S_6^- 能源消费中均存在投
入冗余，在 S_1^+ 第一产业增加值、S_3^+ 第三产业增加值上存在产出
不足额，可以通过分别减少第一产业从业人员 253.21 万人、第二
产业从业人员 165.33 万人、第三产业从业人员 56.45 万人、能源
消费 1000.74 万吨标准煤而保持各项产出不变。同时，在保持原
有投资水平不变的情况下，第三产业增加值可以提高 95.73 亿元。
在这一年份，产业结构处于规模报酬递增阶段。

1994 年，中部地区在 S_1^- 第一产业从业人员数、S_2^- 第二产业

从业人员数、S_3^- 第三产业从业人员数、S_6^- 能源消费中均存在投入冗余，在 S_3^+ 第三产业增加值、S_4^- 能源消费总量上存在产出不足额，可以通过减少第一产业从业人员 11.32 万人、第二产业从业人员 417.12 万人，第三产业从业人员 24.01 万人而保持原产出水平不变。在保持原投资水平的基础上，可以分别提高第三产业增加值 435.42 亿元、地方财政收入 136.79 亿元。

1995 年，中部地区在 S_2^- 第二产业从业人员数、S_3^- 第三产业从业人员数、S_6^- 能源消费中分别存在 169.12 万人、65.28 万人、2 168.35 万吨标准煤的投入冗余，可以通过减少相应的投入量而保持原产出水平不变。同时，在维持原投入水平的情况下，可以分别提高 111.76 亿元、69.4 亿元的第三产业增加值和地方财政收入。

2009 年，中部地区在 S_2^- 第二产业从业人员数、S_3^- 第三产业从业人员数、S_5^- 农作物播种面积上存在投入冗余，在 S_1^+ 第一产业增加值、S_2^+ 第二产业增加值以及 S_4^+ 地方财政收入上存在产出不足，可以通过减少第二产业从业人员 167.9 万人、第三产业从业人员 233.9 万人以及农作物播种面积 578.93 千公顷而保持原产出水平。同时，在原投入的基础上，可以增加 31.95 亿元的第一产业增加值、2 884.76 亿元的第二产业增加值以及 682.57 亿元的地方财政收入。

2010 年，中部地区在 S_1^- 第一产业从业人员数、S_3^- 第三产业从业人员数、S_5^- 农作物播种面积上存在投入冗余，在 S_2^+ 第二产业增加值、S_3^+ 第三产业增加值以及 S_4^+ 地方财政收入上存在产出不足，可以通过减少 47.9 万第一产业从业人员、32.37 万第三产业从业人员以及 531.36 千公顷农作物播种面积而保持原产出水平。在原投入的基础上，可以增加 2 349.63 亿元第二产业增加值、619.41 亿元第三产业增加值以及 830.66 亿元地方财政收入。

5.3.2　中部地区产业结构优化的横向评价

5.3.2.1　数据来源及处理

在对中部地区 1978～2011 年的产业结构状况进行纵向评价后，应用第 4 章中产业结构优化横向评价的 FA 模型，对中部地区 81 个城市 2012 年的产业结构优化程度进行横向的评价，揭示中部地区各个城市之间产业结构优化的现状差异。

在第 4 章中，考虑到产业结构的合理化评价，选取 5 个指标：非农产业劳动生产率、工业增加值率、企业主营业务收益率、土地产出率、能源生产效率；考虑到产业结构的高度化评价，选取 3 个指标：服务业发展指数、科研经费投入指数、FDI 影响系数；考虑到产业结构协调化，选取 3 个指标：非农产业结构指数、产业结构升级指数、产业专业化指数，对中部地区各个城市产业结构优化程度进行横向评价，本章我们仍然采用这些指标对中部地区产业结构优化进行横向评价。在《中国城市统计年鉴》《中国城市建设统计年鉴》以及中部地区各省统计局统计网站的基础数据上通过计算得到各指标。

运用 SPSS 软件，对中部地区 81 个城市的 11 个指标数据进行因子分析。

5.3.2.2　因子分析

对中部地区各城市产业结构优化横向评价数据输入 SPSS 软件，首先对选取的指标数据进行相关性分析，生成相关系数矩阵，其 KMO 值大于 0.7，并且通过了显著性水平为 0.05 的巴特利球形检验，说明各个变量之间相关性符合因子分析的条件，适合进行因子分析。

通过 SPSS 软件计算矩阵的特征根和方差累计贡献率，并绘制碎石图，输出图 5 - 6 因子分析碎石图和表 5 - 15 特征根及方差贡献率。

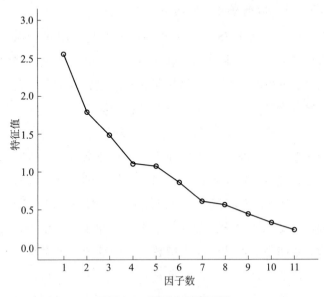

图 5 - 6　因子分析碎石图

表 5 - 15　　　　　　特征根及方差贡献率

成分	初始特征值			提取平方和载入			旋转平方和载入		
	合计	方差的百分比(%)	累计(%)	合计	方差的百分比(%)	累计(%)	合计	方差的百分比(%)	累计(%)
1	2.555	23.230	23.230	2.555	23.230	23.230	2.027	18.428	18.428
2	1.787	16.241	39.471	1.787	16.241	39.471	1.787	16.241	34.670
3	1.479	13.444	52.915	1.479	13.444	52.915	1.676	15.234	49.903
4	1.102	10.018	62.933	1.102	10.018	62.933	1.286	11.690	61.593
5	1.070	9.731	72.664	1.070	9.731	72.664	1.218	11.071	72.664
6	0.854	7.763	80.426						
7	0.609	5.539	85.965						
8	0.556	5.053	91.018						
9	0.443	4.025	95.044						
10	0.325	2.951	97.995						
11	0.221	2.005	100.000						

从图 5-6 和表 5-15 可以看出，因子 5 之后的碎石图开始趋向平滑，前 5 个因子的特征值分别为 2.555、1.787、1.479、1.102、1.070，均大于 1，且累计方差贡献率为 72.66%，也就是说，这 5 个因子可以解释所有指标 72.66% 的信息，因此，提取这 5 个因子作为中部地区各城市产业结构优化横向评价的公因子进行因子分析。为更好地解释因子，对因子载荷矩阵进行旋转，旋转后的 5 个公因子的因子载荷矩阵如表 5-16 所示。

表 5-16　　　　　旋转后的因子载荷矩阵

指标	成分				
	1	2	3	4	5
非农产业生产率	-0.856	-0.071	0.129	0.026	0.180
工业增加值率	0.185	-0.110	0.638	0.546	-0.027
主营业务收益率	-0.060	-0.019	-0.137	0.872	-0.117
土地产出率	-0.391	-0.022	0.495	0.142	0.321
能源生产效率	-0.176	0.714	0.239	-0.032	0.339
服务业发展指数	0.085	0.072	0.718	-0.283	-0.026
科研经费投入指数	-0.109	0.125	-0.003	-0.150	0.899
FDI 影响系数	0.319	-0.266	-0.634	0.033	0.009
非农产业结构指数	0.889	-0.079	0.037	0.035	0.034
产业结构升级指数	0.230	-0.722	-0.093	0.296	0.353
产业专业化指数	0.330	0.800	-0.049	0.113	0.135

经过正交旋转后的因子载荷矩阵表明。

公因子 1 在非农产业生产率、非农产业结构指数、土地产出率、能源生产效率上载荷较大，该因子反映了城市产业结构的生产效率和经济产出的总体情况，命名为效率因子。

公因子 2 在 FDI 影响系数、产业结构升级指数、产业专业化指数上载荷较大，反映了城市 FDI 对城市产业结构优化的促进能力，以及城市产业转换升级能力和产业专业化的程度，体现了城市产业结构同其他地区相比的优势，命名为优势因子。

公因子 3 在工业增加值率、服务业发展指数上载荷较大，反映了城市工业降低了中间消耗的经济效益水平和城市产业结构向高附加值低消耗的服务型产业结构转型的升级程度，体现了城市产业结构的经济效益，命名为效益因子。

公因子 4 在主营业务收益率这一指标上的载荷较大，反映了降低成本的经济效益水平，该指标越高，则产品附加值越高，主营市场竞争力越强，体现了城市产出同其他地区的竞争力水平，命名为竞争力因子。

公因子 5 在科研经费投入指数上载荷较大，反映了城市在科研活动上的投入水平和支持力度，体现了城市通过科学技术进步推动产业结构优化的潜力强弱，命名为科技因子。

由因子载荷矩阵和各因子方差贡献率的加权平均，计算出中部地区产业结构优化评价结果，计算公式如下：

$$F = 0.184 \times F_1 + 0.162 \times F_2 + 0.152 \times F_3$$
$$+ 0.117 \times F_4 + 0.111 \times F_4 \qquad (5-3)$$

再将计算结果进行归一，得到中部地区 81 个城市产业结构优化评价综合得分，为更直观表示，以综合得分进行排名，得到表 5-17。

表 5-17　中部地区产业结构优化评价各因子及综合因子得分

排名	城市	综合得分	效率因子	优势因子	效益因子	竞争因子	科技因子
1	张家界市	100.00	100.00	78.28	100.00	39.52	32.05
2	长沙市	94.30	60.19	82.48	81.43	77.97	55.63
3	常德市	91.47	72.33	75.85	82.64	82.52	36.27
4	亳州市	85.43	74.53	82.07	67.14	81.93	33.06
5	安庆市	81.44	80.29	92.95	51.87	61.39	41.22
6	芜湖市	80.26	61.94	84.36	41.40	43.35	100.00
7	株洲市	77.07	70.23	84.72	61.16	62.05	42.38
8	池州市	74.74	72.98	86.36	57.64	67.69	31.57

续表

排名	城市	综合得分	效率因子	优势因子	效益因子	竞争因子	科技因子
9	蚌埠市	72.94	75.08	81.58	52.23	39.46	61.28
10	晋城市	72.91	68.72	50.49	64.63	100.00	37.26
11	淮南市	72.22	65.27	82.25	62.28	63.55	38.73
12	郴州市	72.08	75.26	89.07	45.52	72.24	30.77
13	永州市	70.77	77.90	77.99	59.77	63.81	27.15
14	朔州市	70.20	49.66	60.44	81.89	92.39	30.46
15	黄山市	69.97	69.54	86.14	64.16	40.42	41.81
16	合肥市	69.82	58.18	75.80	62.08	45.29	65.93
17	滁州市	69.33	70.00	98.72	34.87	68.79	36.74
18	平顶山市	69.12	75.59	66.54	64.63	62.51	34.76
19	六安市	68.82	76.21	95.89	47.72	55.37	26.92
20	邵阳市	68.14	73.95	91.97	55.03	59.78	20.20
21	怀化市	67.40	79.85	78.65	66.77	49.57	20.65
22	阜阳市	64.65	69.23	83.37	56.20	61.44	25.72
23	湘潭市	62.19	73.87	77.43	55.08	42.09	39.31
24	宣城市	61.12	71.16	84.32	31.68	54.57	50.31
25	衡阳市	59.52	73.02	77.73	52.56	51.81	29.16
26	长治市	58.77	68.62	43.44	57.39	75.14	45.84
27	开封市	58.58	74.56	57.40	55.88	67.03	30.97
28	益阳市	57.81	68.02	86.72	58.14	44.13	21.74
29	娄底市	57.79	73.53	80.06	51.18	50.29	25.26
30	马鞍山市	56.49	61.79	57.92	56.37	53.54	53.31
31	巢湖市	56.33	61.02	100.00	39.95	56.20	24.25
32	大同市	55.93	68.29	60.42	82.44	37.27	23.57
33	忻州市	55.90	72.36	37.52	73.25	69.42	27.48
34	铜陵市	55.90	51.74	80.54	50.83	46.87	51.94
35	南昌市	55.18	57.53	66.51	69.22	45.13	38.08
36	岳阳市	54.21	69.30	76.69	51.05	36.48	38.98
37	漯河市	53.99	57.56	92.35	37.53	70.70	22.84
38	宿州市	52.99	66.22	79.42	57.86	40.43	25.67

续表

排名	城市	综合得分	效率因子	优势因子	效益因子	竞争因子	科技因子
39	南阳市	52.86	71.18	56.55	59.39	55.20	30.20
40	景德镇市	52.81	65.10	71.91	61.90	40.89	29.89
41	周口市	52.72	70.30	70.64	33.16	80.59	25.05
42	太原市	52.12	59.56	59.32	79.29	20.00	46.60
43	淮北市	51.95	64.95	75.27	47.92	48.88	34.50
44	驻马店市	51.46	71.98	64.73	51.39	56.01	26.03
45	抚州市	49.63	70.39	63.52	54.32	45.80	30.82
46	十堰市	48.85	34.83	75.41	55.63	78.32	31.73
47	安阳市	48.83	71.00	49.20	49.56	49.41	47.11
48	商丘市	48.71	71.70	55.61	54.70	53.09	29.40
49	阳泉市	47.11	57.25	44.91	79.87	49.89	28.88
50	郑州市	46.62	53.69	65.51	53.45	53.97	37.66
51	新余市	46.50	54.86	60.73	63.40	45.44	36.61
52	九江市	46.06	67.87	59.70	57.91	42.88	29.04
53	吕梁市	45.31	72.92	20.00	46.44	78.74	48.63
54	濮阳市	44.49	65.81	52.57	44.82	62.42	35.41
55	信阳市	44.08	68.17	57.89	57.49	45.82	24.55
56	萍乡市	43.70	52.03	63.05	53.54	56.62	34.06
57	临汾市	42.82	66.99	51.51	63.00	44.95	24.68
58	晋中市	40.47	65.64	43.23	66.62	45.61	25.85
59	武汉市	40.38	29.85	64.65	73.98	39.34	43.81
60	赣州市	40.29	71.98	65.62	45.01	43.39	20.22
61	洛阳市	40.12	68.54	47.30	47.98	40.23	43.94
62	宜春市	39.96	73.99	49.96	36.34	62.45	28.62
63	鹤壁市	39.82	64.37	71.16	32.29	52.57	30.20
64	宜昌市	38.56	26.94	66.23	58.46	65.84	37.90
65	随州市	37.53	20.00	70.86	51.81	81.59	33.89
66	焦作市	37.15	67.14	50.22	33.83	55.47	40.23
67	新乡市	36.06	65.23	56.09	46.58	43.07	29.07
68	许昌市	34.67	59.73	53.38	39.25	64.55	26.63

续表

排名	城市	综合得分	效率因子	优势因子	效益因子	竞争因子	科技因子
69	三门峡市	34.63	77.26	34.98	20.00	63.74	48.73
70	襄阳市	34.28	21.71	71.09	55.97	65.05	33.85
71	荆州市	33.21	30.01	75.24	56.07	48.18	30.76
72	吉安市	32.74	74.59	60.28	31.21	43.31	23.82
73	运城市	32.22	69.16	53.70	50.38	31.69	23.90
74	上饶市	32.21	74.82	46.57	33.12	50.09	29.67
75	咸宁市	32.06	31.24	74.24	47.03	64.06	25.16
76	鄂州市	29.76	32.48	63.64	59.09	44.14	33.22
77	黄冈市	27.54	27.77	90.26	48.50	41.00	20.19
78	荆门市	25.29	32.07	63.65	48.31	49.33	32.94
79	孝感市	21.77	35.97	60.05	53.67	41.59	24.82
80	黄石市	20.94	28.85	59.56	53.71	41.46	32.79
81	鹰潭市	20.00	57.57	67.15	35.68	26.78	20.00

资料来源：1981 ~ 2012 年《中国统计年鉴》、1985 ~ 2012 年《中国城市统计年鉴》、2006 ~ 2011 年《中国城市建设统计年鉴》、1989 ~ 2012 年《中国劳动统计年鉴》，全国各省、自治区、直辖市历史统计资料汇编，以及中部地区各省历年统计年鉴。

5.3.2.3　结果分析

从中部地区各城市产业结构优化综合得分来看，中部地区 81 个城市中，得分在平均分以下的城市有 45 个，大部分城市处于中等水平之下，得分 80 分以上的有张家界市、长沙市、常德市、亳州市、安庆市和芜湖市，得分在 60 ~ 80 分的有 18 个，得分在 40 ~ 60 分的有 37 个，得分在 40 分以下的有 20 个。总体来看，湖南省和安徽省产业结构优化程度较高，几乎占据了综合得分排名的前 10，江西省、河南省和湖北省的城市产业结构优化程度较差。其中，湖南省张家界市产业结构优化程度在中部地区 81 个城市中最高，而鹰潭市的综合因子得分最低。

为了更具体地反映中部地区各城市间产业结构优化的差异，对结果进行统计分析如表 5 - 18 所示。

表 5 - 18　　　　　　　　统计分析结果

指标	综合得分	效率因子	优势因子	效益因子	竞争力因子	科技因子
均值	53.01	62.54	68.19	54.73	54.86	34.45
标准差	17.35	15.87	15.89	13.87	15.02	12.18
变异系数	32.74%	25.37%	23.31%	25.34%	27.39%	35.36%

标准差反映了一个数据集的离散程度，表示不同地区之间产业结构优化综合得分同平均值之间的差距。

$$SD = \left[\sum_{i=1}^{81} (x_i - \bar{x})^2 / n \right]^{\frac{1}{2}} \qquad (5-4)$$

通过表 5 - 18 可以看到，中部地区产业结构优化综合得分的标准差为 17.35，表明中部地区各城市之间产业结构优化存在一定的离散程度，各个城市之间产业结构优化存在不均衡的现象。

变异系数反映在不同空间的不同水平数据的标志变异程度，表示不同地区之间产业结构优化的变异程度。

$$CV = SD/\bar{x} = \left[\sum_{i=1}^{81} (x_i - \bar{x})^2 / n \right]^{\frac{1}{2}} / \bar{x} \qquad (5-5)$$

根据统计分析结果，中部地区产业结构优化综合得分变异系数为 32.74%，大于 30%，说明中部地区各个城市产业结构优化的相对差异还是相当大的，不同城市的产业结构优化程度较为分散和不平衡。

具体从中部地区各城市在效率因子、优势因子、效益因子、竞争力因子和科技因子的得分情况来看，可得以下结论。

效率因子体现了城市产业结构的产出效率水平，中部地区各城市在效率因子上的具体得分上，张家界市、安庆市、怀化市、永州市、三门峡市因子得分分值较大，说明其产业结构效率水平相对较高，湖北省城市因子得分普遍较低，说明其产业结构效率水平相对较低。在中部地区全部 81 个城市中，效率因子得分在 80 分以上的城市有 2 个，分别是张家界市和安庆市；得分在 60 分以上的 55 个，占 68%；得分在均值以下的有 15 个，占总数的 19%，在这其中大部分是湖北省城市，说明湖北省产业结构效率水平处于中等水平，有待进一步提升。中部地区各城市效率因子得分的标准差为 15.87，说明各个城市之间产业结构效率的得分离散程度较大，绝对差异明显；变异系数为 25.37%，说明大部分城市都处在均值水平附近。

优势因子体现了城市产业结构优化同其他地区的比较优势，各城市在优势因子上的具体得分上，滁州市、六安市、安庆市、漯河市、邵阳市、黄冈市、郴州市、益阳市、池州市因子得分分值较大，说明其产业结构演进协调，且同其他城市相比产业结构具有比较优势；宜春市、安阳市、洛阳市、上饶市、阳泉市、长治市、晋中市、忻州市、三门峡市、吕梁市因子得分分值较低，说明其产业结构比较优势不明显。在全部 81 个城市中，在 60 ～ 90 分之间的城市有 49 个，占总数的 60%，说明中部地区在产业优势地位上的得分比较平均。优势因子得分的标准差为 15.89，说明中部地区在优势因子得分上分值绝对差异明显；变异系数为 23.31%，说明得分的相对差距不明显。

效益因子体现了城市产业结构中降低中间消耗的经济效益水平，各城市在效益因子的具体得分上，张家界市、常德市、大同市、朔州市、长沙市、阳泉市、太原市、武汉市、忻州市、南昌市因子得分分值较大，说明这些城市产业结构降低中间消耗的经济效益较好，产业的投入产出效果较高，城市产业结构经济效益较好，同时服务业产出比重相对较大，产业结构层次较高；宜春市、鹰潭市、滁州市、焦作市、周口市、上饶市、鹤壁市、宣城市、吉安市、三门峡市因子得分分值较小，说明这些城市产业结构在产业发展的中间消耗相对较高，产业结构经济效益相对较差，产业结构中服务业产出比重相对较小。在中部地区81个城市中，达到60分以上的城市有23个，40～50分的城市有46个，12个城市产业结构效益因子得分在40分之下，说明中部地区在产业结构效益上处于较低水平，产业结构的整体效益水平有待提升。效益因子得分的标准差为13.87，说明中部地区在产业效益上存在明显的绝对差异；变异系数为25.34%，接近30%，存在相对差异但不是特别严重。

竞争力因子体现了城市产业结构同其他地区的竞争力水平，在竞争因子的具体得分上，晋城市和朔州市因子得分分值较大，说明这些城市产业结构在降低生产成本的经济效益水平较高，产业结构向服务型产业转型的升级程度较高，产业结构同其他地区相比竞争优势明显；蚌埠市、武汉市、大同市、岳阳市、运城市、鹰潭市、太原市竞争因子得分分值较小，说明这些城市产业结构效益水平相对较差，产业结构的竞争优势不显著。在中部地区81个城市中，竞争力因子得分在70分以上的城市有12个，占总数的15%，平均得分到70分之间的城市有24个，占总数的30%，45个城市得分在平均水平之下，占总数的55%，说明中部地区大部分城市产业结构的竞争力优势不显著，产业结构需向降低成本、提升经济效益水平的方向调整。竞争因子得分的标准差为15.02，说明各城市之间竞争因子得分离散程度较大，绝对差异较明显；变异系数为27.39%，虽然低于30%，但存在一定的相对差异。

科技因子体现了城市通过科学技术进步推动产业结构优化的潜力，在科技因子的具体得分上，中部地区81个城市得分相对其他因子来说较低，均值为34.45，得分在均值以上的城市仅31

个，63% 的城市处在均值水平以下，说明中部地区大部分城市在科研投入上处在较低水平，产业结构的升级动力不足。科技因子得分的标准差为 12.18，说明各城市之间科技因子得分离散程度较大，也就是绝对差异较大；变异系数为 35.36%，超过了 30%，说明得分的相对差异很大，从科技因子得分的统计值可以看出，中部地区产业结构的科技投入总体水平较低，且各个城市之间存在明显的差异。

中部地区各城市之间产业结构优化评价对产业结构升级具有一定的指导意义，各城市之间在产业结构优化程度上存在明显的梯度差异，但在具体的分项指标上又各具优劣，对中部地区城市的产业结构调整优化，应该根据各地具体情况，扬长避短，通过差异化发展促进整个区域的产业结构优化升级。

5.4　资源承载力对城市产业结构优化的响应分析

5.4.1　响应分析研究方法

为了量化城市产业结构优化对资源承载力的影响，选择空间自相关分析来研究中部地区城市综合资源承载力对城市产业结构优化的响应[114]。空间自相关分析（spatial autocorrelation）是研究在同一个分布区内同类地理现象或属性是否具有潜在的相互依赖性的方法，自 1970 年托卜勒（Tobler）首次提出以来，已经成为定量研究自然、经济和社会领域空间关系问题的重要方法和有效手段[114-118]，目前被广泛应用于生态学、遗传学、生物学、区域经济、犯罪学等方面。

空间自相关通常使用全局自相关和局部自相关两个指标来度量。全局自相关用于分析地理现象或属性值在整个研究区域空间自相关，使用单一的值来反映该区的空间特征。全局自相关的指标和方法很多，主要有 Moran's I、全局 Gear's C 和全局 Getis-Ord G，其中，最常用的指标是 Moran's I 指数。局部自相关用于反映每一个空间单元与领近单元的相关程度。通常利用 LISA 方法，分析局部空间单元的关联性。

全局 Moran's I 指数的计算公式为：

$$I = \frac{\sum\limits_{i=1}^{n} \sum\limits_{j \neq 1}^{n} w_{ij}(x_i - \bar{x})}{S^2 \sum\limits_{i=1}^{n} \sum\limits_{j \neq 1}^{n} w_{ij}} \qquad (5-6)$$

空间位置为 i 的布局 Moran's I 指数的计算公式为：

$$I = \frac{(x_i - x)}{S^2} \sum_j w_{ij}(x_j - x) \qquad (5-7)$$

其中，n 为空间位置的个数，x_i、x_j 是空间位置 i 和 j 的观察值，w_{ij} 表示空间位置 i 和 j 的邻近关系，S^2 为 x_i 的标准差。

Moran's I 的取值范围为 $[-1, 1]$，大于 0 则表示正相关，小于 0 则表示负相关，Moran's I 的绝对值越大，则空间自相关就越强，等于 0 则表明分析的地理现象或者属性在空间呈随机分布，空间相关性较弱或没有相关性。

空间自相关的研究方法和 GIS 系统相结合，可以有效地展示出空间单元位置及与其他空间单元之间的相互关系。空间自相关分析通常选取单变量，而在更多时候需要进行双变量的空间自相关研究，Anselin 在单变量 Moran's I 模型的基础上提出了双变量的空间自相关，其计算公式为：

$$I_{kl}^i = \frac{x_k^i - \bar{x}_k}{\sigma_k} \sum_{j=1}^{n} w_{ij} \frac{x_l^j - \bar{x}_l}{\sigma_l} \qquad (5-8)$$

其中，w_{ij} 是空间位置 i 和 j 的邻近关系，x_l^j 是空间位置 j 的属性 l 的值，$\bar{x}_k$、$\bar{x}_l$ 是属性 k、l 的平均值，σ_k、σ_l 是属性 k、l 的方差。

　　本书为研究城市资源承载力对产业结构优化的响应程度，对模型加以改进采用双变量进行分析，将产业结构优化作为自变量，资源承载力作为因变量。利用中部地区 81 个城市的行政区划 SHP 图，将前两节所测算的中部地区承载力和产业结构优化数据，通过 ArcGIS 添加到 SHP 图中，作为分析中部地区城市资源承载力对产业结构优化响应分析的基础数据。

5.4.2　结果与分析

　　利用 GeoDA 计算中部地区产业结构优化、资源承载力间的双变量 LISA 值，探讨中部地区各城市间产业结构优化和城市资源承载力的相关性。计算结果通过了（p = 0.05）的检验，在此基础上生成 Moran's I 散点图（见图 5 – 7）。

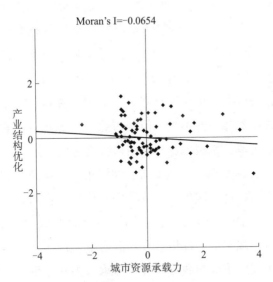

图 5 – 7　中部地区城市资源承载力、产业结构优化双变量 Moran's I 散点图

　　为更好地了解 Moran's I 散点图中每个象限的具体城市，将结果汇总成表（见表 5 – 19）。

资源平衡视角下城市产业结构优化研究

表 5 – 19　　　　中部地区城市综合资源承载力、
产业结构优化双变量 Moran's I 散点图象限分布

象限	地区
高高	许昌市、马鞍山市、芜湖市、铜陵市、安庆市、景德镇市、长沙市、湘潭市、株洲市、娄底市、衡阳市、漯河市、合肥市、安庆市、朔州市
高低	大同市、忻州市、宿州市、亳州市、巢湖市、六安市、宣城市、黄山市、池州市、张家界市、常德市、上饶市、益阳市、宜春市、邵阳市、萍乡市、怀化市、永州市、吉安市、郴州市、驻马店市、淮南市、滁州市
低低	阳泉市、晋中市、长治市、鹤壁市、商丘市、平顶山、淮北市、南阳市、阜阳市、信阳市、宜昌市、荆门市、孝感市、鄂州市、荆州市、咸宁市、抚州市、新余市、吕梁市、临汾市、运城市、三门峡市、随州市、赣州市
低高	太原市、晋城市、新乡市、焦作市、开封市、郑州市、洛阳市、周口市、蚌埠市、十堰市、武汉市、襄阳市、黄冈市、黄石市、九江市、岳阳市、南昌市、鹰潭市、濮阳市、安阳市

从图 5 – 7 中部地区城市综合资源承载力、产业结构优化的双变量 Moran's I 散点图来看，有 40 个城市处在 high-high 和 low-low 象限，说明处于这些象限的城市产业结构优化和综合资源承载力高值或低值集聚特征明显，即产业结构优化程度同城市综合资源承载力相关性较强。有 41 个城市处在 high-low 和 low-high 象限，且大部分样本集中在原点附近，说明处在这些城市虽然产业结构优化程度的相关性不强，但城市综合资源承载力和产业结构优化有一定关联，承载力受产业结构影响起伏变化。

中部地区在娄底市、衡阳市、湘潭市、合肥市、铜陵市有高高集聚，说明在这些城市，产业结构的优化程度对城市综合资源承载力水平的提升有较大的相关性；在随州市、荆门市、孝感市、鄂州市、咸宁市、抚州市有低低集聚，说明在这些城市，产业结构优化程度不高和城市综合资源承载力水平低下有较大的关联；而在张家界市、怀化市、益阳市、巢湖市、宣城市、武汉市、黄石市这些地方城市产业结构优化同承载力呈空间负相关，这些地区城市综合资源承载力的水平同产业结构优化程度关系不大。呈现低高集聚的张家界市、怀化市、益阳市、巢湖市、宣城市由于属于经济综合实力较低的城市，城市资源承载力压力较小，产业结构的优化程度对承载力的影响也较小；而武汉、黄石则属于经济综合实力相对较好的地区，城市功能相对比较完善，城市资源承载力容量较大，产业发展尚未对承载力造成过大压力。

本章小结

本章以中部地区为实证，首先对中部地区发展状况、资源情况以及产业结构的现状进行分析，中部地区有显著的资源要素优势。总体来说，中部地区经过近年来的发展，经济发展取得了巨大的成就，经济总量总体保持增长，产业的整体竞争力大幅度提升，但同我国发达地区仍存在一定的地区差距。

接下来运用城市资源承载力评价模型和动态因子分析的方法，以中部地区为实证，选取11个指标的2004～2012年数据，得到中部地区81个城市9年间城市资源承载力动态得分，同时，求得中部地区资源承载力的综合得分，并进行了排名。在此基础上，对中部地区的城市资源承载力划分为五个等级，并运用Arc-GIS空间模块做出空间分异图，直观地反映中部地区各个城市之间的资源承载力的空间分布和空间演变，从空间演变情况来看，中部地区各城市综合资源承载力空间变化显著，2004～2012年，81个城市中除个别地区城市综合资源承载力得到改善外，大部分地区承载力水平呈下降趋势。

运用城市产业结构优化评价的模型和方法，对中部地区1978～2011年的产业结构优化采用数据包络（DEA）的分析方法，选取了6个投入指标、4个产出指标对中部地区产业结构的相对效率做出评价。结果显示，中部地区 1978~2011 年的产业结构中，有 22 年达到 DEA 有效，在 1982~1988 年、1992 年、1994 年、1995 年、2009 年、2010 年这些年份为 DEA 无效，且呈规模报酬递减的趋势，中部地区产业结构的投入产出没有达到最优比例，并对具体年份做了分析。根据科学性和数据的可得性原则，选取 11 个指标，结合因子分析的方法，以 2012 年中部 81 个城市为实证研究对象，对其产业结构的合理化、高度化以及协调化程度进行比较分析。结果显示，影响中部地区产业结构优化的主要因素是产业效率、产业优势、产业效益、竞争优势和科技因素这 5 个方面。在此基础上，对中部地区 81 个城市的产业结构优化程度总体得分以及公共因子得分进行了计算，并对结果进行了分析。

为了量化城市产业结构优化对资源承载力的影响，以产业结构优化为自变量、城市综合资源承载力为因变量，运用双变量的空间自相关对两者之间的联系进行分析，得出有 40 个城市产业结构优化程度同城市综合资源承载力相关性较强，而其余城市产业结构优化程度同城市综合资源承载力有一定关联，承载力受产业结构影响起伏变化。

第6章　中部城市产业结构优化的对策建议

6.1　资源平衡视角下城市产业结构优化的政策建议

6.1.1　产业结构优化中的政府行为

在过去计划经济体制时期，地方政府作为中央政府的派出机构，主要任务是负责落实中央下达的各项指令并监督完成任务。改革开放以来，中央政府逐渐放权，以 1994 年的分税制改革为标志，中央政府实行真正意义上的财政分权体制，地方政府拥有了自主发展经济的权力，地方政府角色开始转变。在这种体制下，地方政府有了自己相对独立的利益，同时，也相应地承担起发展地方经济的职责。通常我们认为，产业结构优化是一个市场行为，市场机制在对资源的配置中发挥着基础性的作用，产业结构的优化主体应该是企业。但从世界范围来看，尽管不同的国家由于经济发展的差异和所处的经济发展阶段不同，对待产业政策的态度也不尽相同，但即便是奉行自由经济主义的美国，政府在推动产业发展上也还是发挥了一定的作用。在我国，由于市场经济体制的不完善，市场机制难以对产业结构起有效的调节作用，单纯依赖市场机制的作用实现产业结构优化是不切实际的，因此，政府必须积极地参与其中。而在我国政府机制中，中央政府在实施任何一种发展战略时，都是通过下级地方政府代理相关职能，直接负责各个地区的管理事务，从上级到下级层层传递，实际上构成了一种委托代理关系，在这种委托—代理关系下，地方政府扮演了代理人的角色，而辖区同地方政府之间，也构成了一种委托代理关系。两个层面委托人的关注点有所不同，中央政府更多关注长远、整体的利益，而地方上往往更多关注短期、局部的利益。虽然关于政府到底是"公共人"还是"经济人"在理论界尚存争论，但在这种两难选择下，作为中央和地方双重代理人的地方政府通常会按照"经济人"的角色来权衡，两利相比取其重。在资源平衡的视角下对区域产业结构进行优化，就要求地方政府这一代理人，同时兼顾资源合理利用、环境保护、经济增长等多个目标。在过去单纯的以地方经济增长为目标时，由于经济增长可以通过确定的指标进行考量，而且对地方的效用也可以短时间内体现，此时地方政府和上级政府目标一致。地方政府只要提升经济指标就可以通过委托人（上级政府）的考核获得报酬（如地方经济的增强、人民的支持、上级政府的好评、政治上的提升等），那么他们则有充足的动力去完成委托人的任务。而在引入了资源、环境保护的目标后，此时目标则变得不那么确定了，资源环境保护的效用无法通过确定的指标来进行考量。同时，经济增长对资源、环境带来的负面的影响，如资源枯竭和环境污染，这种影响需要相当长的一段时间才可以观测到；正面的影响，如经济增长带来收入的增加使得有更多的资金投入环境保护中，这需要更长的时间才能发挥作用。这就造成了地方政府在选择经济增长和平衡资源两个目标的时候，通常选择更明确、风险更小的经济增长目标，以获取更明确的报酬，而对资源环境保护目标采取消极对待的态度。以重化工业发展为导向的工业化道路，在很多城市可能是其经济赖以增长的主要推力，对城市经济的增长贡献颇多。而产业结构优化就是要淘汰、转移高资源消耗、高能耗、高污染的传统落后产能，替换、增加技术含量高、生态友好的新型产业。在这一过程中，城市过去所依赖的重化工业首先要面临优化的问题，而这些产业的改造、升级、替换，收益回报期较长，这就容易导致地方政府和企业消极应对。这也是在我国产业结构调整的历史实践中，不断地在失衡—调整—再失衡—再调整中波动，虽然经历多次结构调整，但经济的结构性矛盾一直突出的原因所在。

从我国的政府机制和现实情况来讲，由于产业结构优化涉及多个层面，政府与市场手段的结合是推进产业结构优化的有效机制。但政府行为过多地参与将导致行政主导因素的强化，地方政府有追逐利益的本能和对付出成本的考虑，容易形成对旧的产业制度的路径依赖，在面对产业结构优化带来的阵痛面前不愿意做出更改，这就造成了国家产业政策在贯彻执行中被扭曲变形。在财政分权体制下，地方政府发展经济的积极性被极大地调动起来，而随着地方政府自主权力的扩大，经济实力的增强，为了维护地方自身利益，地方政府在面对中央政府时有了博弈的能力和实力，越是经济实力强的地区，政府越敢于同中央政府博弈，越进行博弈，地方上所获得的利益则越大，这种现象所产生的示范效应也引诱其他地方效仿，从而导致政策在传递过程中的扭曲，无法实现良好的效果，因为追求自身利益是地方政府作为"经济人"的必然选择。

4444

6.1.2 政策建议

在资源平衡视角下城市产业结构的优化，是对城市经济发展和城市资源环境承载力的综合考虑，实现经济发展方式同资源、环境平衡协调，从而实现经济的持续发展。产业结构优化升级的前提是资源配置的市场化基础的建立，产业政策的制定与执行，离不开政府行为，但需要明确地界定政府和市场的界限，在资源平衡和经济增长一体化目标下，政府应当完成"经济人"到"公共人"的角色转变，产业制度的安排应该针对政府自身的"公共人"职能，针对公共产品、准公共产品的供给方面。政府的管理政策也应该从以下两个方面进行优化改进。

一是改进对地方政府的绩效考核制度，拓宽对地方政府绩效评估的范围。在过去"唯GDP"的考核标准下，地方政府追求短期的经济效益、忽视长期的社会、生态效益，对经济结构和经济质量等经济发展中滞后性的问题关注不足。虽然国家对地方政府的考评也做过一系列的尝试和探索，如2004年人事部提出的地方政府绩效评估指标体系[1]，并在一些地区进行了试点，但这些探索还存在缺陷，其中仍过多地强调经济指标，对政府行使市场监管、公共服务和社会管理等职能不能进行全面考核，对生态环境、资源以及制度建设方面对政策的时滞性考虑较少，未针对政策可能产生的长远影响进行考察。在当前国家政策中，对部分经济发展的约束性、时滞性的影响已经考虑进来了，这是对传统机制的改进，但这是一个需要相当长时期的过程，要从根本上解决这一问题，还需要从制度上着手，构建起健全的监督机制和法律制度，考核的重点更侧重于政府行为对城市未来时段生态环境、

---

① 人事部《中国政府绩效评估研究》课题组，2004年8月。

资源等层面的影响上。

二是转变政府职能，提高公众参与度。产业结构的优化实质上是市场对资源的重新配置，在这一过程中，地方政府需要更多地发挥作为"公共人"的职能，这就意味要更多地从民众利益出发而不是从自身利益出发，从直接参与经济活动向营造良好环境转变。政府的产业政策涉及地方上广大民众，产业政策应当以保护公众的起码利益为目的，政府在这一过程中，应该从建设完善相应的市场制度入手，发挥市场作用，提高民间协调能力。而且公众参与决策，有助于改变产业政策制定中自上而下的单一视角，在政策执行时，可以减低产业政策实行的困难，有利于产业政策的执行。在营造良好环境上，公众参与可以更好地规范政府行为，防止政府由调节市场转为操纵市场，有助于营造良好的产业发展氛围。

中部崛起战略的正式实施，标志着我国区域经济迈入统筹区域协调发展的新阶段。中部崛起的总体战略思路是：围绕"体制创新，提高开放度；明晰区域分工，推进一体化；构建城市群产业群，强化增长极；拓展高新产业，壮大支柱产业；注重发挥农业优势，解决'三农'问题"的总体布局，重点实施"产业群战略、城市群战略、现代物流战略和一体化大市场战略"四大战略，将中部发展成为"全国重要的粮食生产基地、能源原材料基地、现代装备制造及高技术产业基地和综合交通运输枢纽"[119]。这其中又特别强调资源集约和综合利用、生态建设和保护，提出要推动经济结构优化和产业结构调整、推进老工业基地城市振兴和资源型城市转型，在资源环境承载能力强、经济社会发展基础好、发展潜力大的地区重点开发。

国家战略对中部地区产业发展与规划具有指导意义，根据中部崛起战略的总体思路，对中部地区的政策导向为：（1）以加强粮食生产基地建设为重点，积极发展现代农业，提升农业产业化经营水平；（2）高效利用、精深加工，提高矿产资源开发利用水平，增强工业产能、布局、结构与资源开发的协调性，巩固提升中部地区重要能源原材料基地地位；（3）围绕中部装备制造优势行业，增强自主创新能力，提升装备制造业整体实力和水平，加快发展高技术产业，以高新技术和先进适用技术改造传统制造业；（4）推进现代物流设施建设，发展现代物流业；（5）提高资源特别是土地资源、水资源和矿产资源的综合利用水平，发展循环经济，加强生态建设和保护；（6）加快形成一批具有国际竞争力的自有品牌、优势企业、产业集群和产业基地。

按照中部崛起战略的总体思路，中部城市的产业政策应该是：提高开放程度，因地制宜地发挥自身优势，重点打造特色产业；有选择地重点培育高新技术产业和现代服务业，提升核心竞争力；强化体制保障，注重机制创新。

具体来说，就是要从区域发展一体化出发，根据自身比较优势，形成相对合理的产业分工布局，通过优势互补形成双赢互利的产业链条，提升中部整体竞争力，实现大的区域内的产业结构合理化。这是因为，各地之间先天条件和资源优势不同，追求实现高新技术产业的全面布局不仅不具备条件，而且还将造成区域间的产业同质化现象，只能有选择地寻找具有优势的局部地区作为突破点。在产业结构优化过程中，要注重政策的倾斜，强化政策的扶持，除了运用财政、金融等手段给予必要的资金投入外，还要给予政策的扶持和引导，对于优势企业应加大扶持力度，对于不能适应市场的产业，要完善退出机制。

6.2 中部城市产业结构层面的优化对策

世界上产业结构演进经验表明，第一产业由最初的原始农业向农、林、牧、渔业全面发展，向农业机械化、电气化、水利化生产阶段发展，并最终实现农业现代化；第二产业在工业化的过程中，经历轻工业化、重化工业化、高加工度化、知识技术集约化四个阶段，次序演进升级；第三产业由低层次的商业、手工业原始交通业过渡到中等层次的商业、交通、管理，再向独立化、自动化、标准化方向，不断产生新的服务行业并逐渐与其他产业融合。对中部地区城市产业结构的优化，就是在遵循产业结构这一演进规律之上，通过创新，加速产业结构向合理化、高度化演进，通过调整不协调的产业结构，促进产业之间的协调发展，实现中部城市产业的高度化和合理化。

6.2.1　第一产业优化的对策建议

第一产业是经济发展的永恒主题，是其他产业得以发展的基础保障。农业产业结构调整，实质上是对农业资源的一次再配置，是生产者按照比较优势原则在市场中的再一次定位，对中部地区农业产业结构的优化，就必须把握中部地区农产品在国内外市场的优劣势。农业是中部地区优势产业，中部地区农业具有比较优势，首先是有着得天独厚的自然条件，气候温和，灌溉便利，拥有平原、丘陵、草场和湖泊等多种适宜的农业生态系统。其次，中部地区劳动力资源丰富，从事第一产业人口比重大，有利于开展农业的精耕细作和适度规模经营。再次，中部地区粮食生产在国内占有重要地位。中部地区农业产业结构优化就是要增加效益，积极构筑农业竞争优势，深度挖掘农业潜在优势。由于农业是自然再生产和经济再生产的组合，三次产业中农业发展受自然禀赋约束最大，因此，农业生产应当因地制宜，发展具有地方特色的高效、生态的现代农业。以保障国家粮食安全为首要目标，稳定粮食播种面积；以加强粮食生产基地建设为重点，积极发展现代农业，加快农业结构调整，大力推进农业产业化经营；鼓励和支持优势产区集中发展大宗商品，加快发展畜牧水产业，完善农业基础设施，提高农业经营组织化程度，中部地区在工业化、城镇化进程中，应该走一条不以削弱农业为代价的新型工业化道路。

"现代农业"是一个动态和历史的概念，是农业发展史上的一个重要阶段，从发达国家的现代农业体系构建历程来看，实现农业现代化主要有两个方面的内容：一是利用先进的科学技术和生产要素，实现农业生产的物质条件和技术的现代化；二是通过推进专业化、社会化、区域化和企业化的农业生产，实现农业组织管理的现代化。现代农业广泛应用现代科学技术、现代工业提供的生产资料和科学管理的方法来经营，是有较强竞争力的现代产业。现代农业的概念是针对传统农业而言的，中部地区本身具有良好的农业基础，在农业科技进步、机械化生产、农业市场化的不断推动下，中部地区农业已具有了现代农业的部分特征。

同发达国家不同，我国中部地区工业基础还处在相对薄弱地位，工业资本对农业发展的援助能力有限，现代农业的构建不能完全复制西方模式。中部地区农业现代化建设应该着力发展高产、优质、高效、生态的现代农业，尤其应该注重保护与改善农业资源与生态环境，走可持续发展的道路，主要从以下三个方面进行努力：一是立足于各地区农业资源、劳动力要素、资金和承载力现状，制定长期战略，有选择地引进先进技术、先进经验，结合不同区域的实际问题加以创新；二是在对传统农业改造过程中，充分挖掘传统农业中的环境友好思想，发扬传统农业集约经营、精耕细作的特点，强化土地、劳动的集约利用；三是充分利用现代科技成果，发展前景广阔的循环农业、都市农业、生态农业等新型、环境友好型农业形态，在提升农业产业效益、提升农业竞争力的同时，保护农业生态环境。

主要通过以下途径实现中部地区环境友好型现代农业发展。

第一，转变农业增长方式。构建起农业生产、加工、流通多个环节紧密联系的产业体系，改变传统的农业生产方式，用现代化的物质条件装备农业、用现代化的科学技术改造农业，在提高农业总产值的基础上，减低农业产值比例，提高农业产出效率，提升农产品品质，发展质量型、效益型农业。在豫东、豫北、晋南等黄河流域，江汉平原、洞庭湖、鄱阳湖、安徽沿江等长江流域棉花优势产区、湖北、湖南、江西、安徽及河南信阳等长江中游"双低"油菜优势区实现规模化、标准化、优质化生产。在山西晋南和晋中、河南西部黄土高原苹果优势区；赣南—湘南、鄂西—湘西柑橘带；湖南和江西油茶产区；山西和湖南核桃产区；安徽西部和南部、江西中北部、河南南部、湖北西部、湖南北部茶叶产区；山西南部，安徽南部，江西北部，湖北东部、西南部和西北部，湖南北部和西部蚕桑产区；河南西部和南部、湖南南部和西北部烟叶产区大力发展特色农产品加工业特别是对农产品的深加工，走农业产业化道路，强化质量和品牌建设，加强农业与工业的综合，构建现代化大农业体系，扩展农业生产外延，延长农业产业链。扶持农业产业化龙头企业，引导大型和特大型龙头企业向优势农副产品产区集聚，加快培育和发展农民专业合作社，引导龙头企业与农户建立利益联结机制，提高农业经营的组织化程度。

第二，进一步拓展农业功能。改变传统农业生产的粗放模式，使农业由过去依托农村、服务农村转向以城市区域为依托，围绕城市、依托城市和城市服务市场为目标，发展精细型都市农业模式。加大对农业生产的基础设施建设、农业科研教育和先进技术推广的投入，制定出高标准的主要农产品生产标准，强化农产品的品牌意识，争创知名品牌，增加农产品的市场竞争力。建立起农业市场信息服务体系和信用信息服务体系，建设多功能的农产品交易和物流平台。建立健全与农产品质量和现代农业发展要求相适应的农业标准化体系，加强地理标志产品认证，注重对地方特色农产品的保护。走特色农业、优势农业的道路。

第三，加快发展生态安全农业。坚持把保护农业生态环境作为首要目标，良好的生态环境是实现现代农业发展的先决条件，只有加强生态环境保护力度，才能实现农业产业结构的优化升级。中部地区有农业生产得天独厚的自然资源禀赋，但也应该注意到其生态的脆弱性，在农业生产中加强地力培肥和水土保持，推广应用高产栽培、节水灌溉等技术，大力发展无公害、绿色、有机农产品，推广使用生物有机肥料和低毒低残留高效农药，推进农业废弃物、畜禽粪便综合处理利用，控制农业面源污染，维护农业稳定增产的生态系统。

第四，制定扶持现代农业发展的各项政策措施。农业本身是弱质产业，现代农业的构建离不开政府各项政策的扶持。发展现代农业是一项系统工程，必须有一系列的政策措施保护。要制定资金投入倾斜政策，由于中部地区规模化的农业生产还不普及，农业生产收益相对较低，在初期阶段发展所需的大量资金完全依靠农业经营者是不现实的，还需要政府进一步加大投资力度，在构建现代农业的发展过程中，资金投入上有一定的倾斜性，才能促进现代农业朝良好方向发展。金融部门也应当针对农业企业制定出相应的金融优惠政策，加大信贷扶持力度，有计划地选择市场前景好、发展潜力大的农业企业进行贷款扶持。

6.2.2　第二产业优化的对策建议

第二产业是中部地区的主导产业，产业规模大、产业地位重要，对中部地区的经济增长有巨大贡献。但中部地区的第二产业是以资源、资本驱动的，存在产业层次低、发展粗放、排放强度大等问题，是三次产业中资源消耗最大、环境污染最严重的产业。中部地区第二产业优化，就是走坚持以信息带动工业化，以工业化促进信息化，走一条科技含量高、经济效益好、资源消耗低、环境污染少、人力资源优势得到充分发挥的新型工业化路子[32]。中部地区作为我国重要的原材料基地，也曾是我国历史上国民经济发展具有重要意义的优势产业和产业基地。但中部地区第二产业目前正处在艰难的转型时期，工业化的程度还不高，第二产业在国民经济中比重仅稍高于西部地区，且其中优势产业与潜在优势产业数量较少，在中部地区有比较优势的行业中，大部分都集中在重化工业，加工制造业薄弱，高新技术产业化进程缓慢，第二产业内部结构不合理。中部地区第二产业结构优化要发挥中部地区的区位和资源优势，把握东部沿海发达地区产业转移和国际产业转移的历史机遇，以科技创新、制度创新为动力，提升第二产业整体实力和水平，推进新型工业化建设。通过产业结构优化升级，加强生态建设和环境保护，促进资源型城市转型，振兴中部老工业城市。中部地区目前经济增长主要依赖第二产业，第二产业在产业结构调整优化中的比重不宜降得过低，为保证经济稳定、持续增长，应该从第二产业内部结构着手，提升制造业、高新技术产业在第二产业中的比重，提升第二产业资源能源的利用效率，降低资源、能源消耗。

中部地区同沿海发达地区相比，第二产业发展整体实力上相对欠发达，在推进新型工业化建设上，可以通过借鉴国际、国内发达地区经验，新型工业化建设最需要的是创新，关键是技术的创新，技术进步是新型工业化能否得以顺利推进的决定性因素。中部地区新型工业化建设，关键是在第二产业中提升科技水平和生产效率，缩小同发达地区的差距，通过创新第二产业发展模式，扭转过去粗放的工业生产方式，提升第二产业内部各行业的竞争优势。在此基础上，通过大力发展装备制造业、高技术产业等，打造新的增长极，实现第二产业整体规模的提升。对于传统的劳动力密集型和资本密集型重化工业，也不能简单淘汰、替换，这些产业关联度高、就业容量大，是国民经济和社会发展中的支柱，对经济的拉动作用也非常明显，而且这些产业关系到我国其他地区的能源、原材料保障，同时，规模化的重化工业实际上更有利于资源的集约利用。对中部地区传统劳动密集和资本密集型产业，关键是运用高新技术和先进适用技术加以改造，转变落后的生产方式，通过现代化的高新技术手段实现这些产业同资源、生态的协调可持续发展。

主要通过以下途径实现中部地区的新型工业化升级。

第一，发展提升优势产业。围绕中部地区优势产业，以核心技术、关键技术为着力点，通过调整改造，增强中部地区传统优势产业的核心竞争力。中部地区的传统优势产业主要有装备制造业、汽车工业、有色金属工业、化学工业、煤炭工业和钢铁工业。各地应根据自身特色优势产业，利用新技术，增强自主创新能力，提高行业集中度，提升特色优势产业的实力和水平。装备制造业是中部地区主导产业之一，要增强重大技术研发能力，提升装备制造业水平，发展替代进口产品，加大国际合作，提高基础零部件、基础工艺和基础材料的研制应用水平，扩大国际市场占有率；对汽车工业要瞄准市场需求，加大产品研发，重点发展自主品牌，加大开发节能环保的汽车新产品，依托工业基础，通过整车和关键部件的技术引进，提升技术水平；对钢铁、化工等原材料工业要推广应用高效、低资源、能源消耗和低排放水平的先进技术，发展精深加工材料，提高产品的质量和资源利用水平；以资源开采加工为优势的城市，要合理控制资源开采规模和强度，提高加工深度，强化对伴生资源的利用，综合运用经济、法律和行政手段，对污染浪费严重的企业、技术工艺进行严格限制和淘汰。

第二，培育发展战略新兴产业。依托中部地区传统优势产业和科教优势，努力融合各种科教资源，大力发展战略新兴产业，进一步促进产业结构优化。以企业技术创新为主体，鼓励和协调高校、科研院所同企业之间的密切合作，加强产学研合作。同时，组织实施重点科技基础设施工程，建设一批同高新技术产业发展相关的重点实验室、工程技术研究中心和企业技术中心。重点发展光电子信息产业、生物产业、航空工业、国防科技工业以及新能源和新材料产业，打造产业特色鲜明、核心技术领先、管理模式先进、服务功能完善的高新科技产业园，以特色高新产业为主体，促进产业集群发展，充分发挥高新技术集聚的带动辐射效应。加强政策的支持和引导，提高政府在战略新兴产业中的投资力度，健全资本市场的融资功能，使资金倾斜流入新兴产业。同时，要利用财政、税收的优惠政策，鼓励和引导新兴产业发展，为新兴产业的发展创造良好的财税环境。

第三，加快改造传统工业。对中部地区采用传统技术、运用传统方法进行生产的劳动密集型和资本密集型产业，利用高新技术加以改造，围绕节能减耗、提高产业层次，选择传统工业的关键环节进行突破。主要有四个方面的内容：一是用高新技术改造传统工业装备，提升技术装备水平；二是开发生产高新技术产品，提高产品科技含量和附加值；三是应用信息化技术，提升企业管理水平；四是推行清洁生产技术，解决生产过程中的污染问题。以技术装备更新、生产工艺创新、产品创新等关键环节为突破点，推动传统工业向现代化、信息化的新型工业转变，进而实现传统工业的改造升级。

第四，积极承接产业转移。依托中部地区区位优势，把握国内外产业格局深刻调整的重大机遇，积极承接国内外产业转移。在承接产业转移中，要坚持高标准、高起点，有选择地承接沿海地区高层次产业，根据自身资源优势，选择那些技术水平高、资源利用水平高、就业吸纳能力强的产业，尤其是拥有自主研发能力，具有先进适用技术的国内外知名企业，提高产业准入标准，禁止消耗大、高污染的落后产业。

6.2.3 第三产业优化的对策建议

第三产业是资源消耗少、环境影响小的产业，是未来产业发展的主要方向，第三产业发展程度是一个地区现代化水平高低的重要反映。从世界范围来看，发达国家产业结构的重心都转向第三产业，推动第三产业大发展，是产业结构优化的重点任务。第三产业对区域经济发展的促进作用，不仅反映在经济总量增加的多少，同时，第三产业通过优化交通、通信、金融、信息、科技、文化、人才等国民经济运行环境，使得其他产业得以顺利获得资金、人才、技术、信息、市场等要素，实现再生产的良性循环和产业的逐步升级。在我国当前新型城镇化背景下，城市化的快速发展对城市产业结构优化升级发挥重要的拉动作用，同时，第三产业又是促进城市化进程的根本途径，因为第三产业的发展从一开始就是依托于产业和人口的聚集。在工业化的后期，随着技术进步和工业部门中机械化程度的提高，工业开始从劳动密集型向技术密集型转变，此时，工业对劳动力的吸纳能力开始减弱，劳动力开始流向第三产业，第三产业将成为产业结构中的主导产业。中部地区目前第三产业产值比重仅占35.1%，同发达地区差距颇大，有巨大的增长空间。而中部地区要在当前时期完成跨越式发展，实现中部崛起，必须要建立完善现代服务体系，以强大的第三产业作保障。

主要通过以下途径实现中部地区的第三产业的升级。

第一，优化第三产业发展的宏观环境。第三产业的发展同城市化密切相关，城市化的质量是产业结构有序转变的重要动力。以发展现代服务业为重点，突出特色，完善太原、南昌、合肥、郑州、武汉、长沙省会城市的城市功能，通过都市区建设，增强辐射带动能力，加速区域化、城市化进程，形成太原城市圈、皖江城市带、中原城市群、武汉城市圈、长株潭城市群、环鄱阳湖城市群六大城市群，通过城市产业扩张和结构转换，促进整个中部地区第三产业的快速发展。与此同时，积极提高市场化水平，打破第三产业的市场壁垒，降低第三产业的市场准入条件，放宽准入领域，鼓励民间资本进入，扩大第三产业中非公经济的比重，实现第三产业的大繁荣。

第二，依托新型工业化，改造提升传统服务业。利用中部地区新型工业化建设，加快生产性服务业建设。生产性服务业是与制造业直接相关的配套服务业，大力发展交通运输业、现代物流业、金融服务业、商务服务业、信息服务业及科技服务，加强产业关联，构建生产性服务业与制造业互动发展机制，构建起快捷的物流、便利的融资渠道、专业的服务体系，以生产性服务业为其他产业发展提供全方位支持。提升第三产业中的科技含量，广泛利用先进技术为第三产业提供支撑，促进第三产业的跨越式发展，以科技进步加速第三产业发展进程。要加强科教事业发展，尤其是加强第三产业的科学技术研究，增强科研投入，加快第三产业科学技术成果向产品的转换。

第三，大力发展旅游业。旅游业是集"行、游、住、食、购、娱"于一身的产业关联度较高的综合性经济文化产业和创汇

产业，合理地开发发展旅游业，有利于第三产业蓬勃发展。中部
地区旅游资源丰富，应当充分发挥中部地区独特的旅游优势，加
快区域旅游产品结构和布局调整。高起点建设以名山、名湖、名
城为重点的精品旅游区，推进重点景区整体开发。提高重点景区
的旅游接待服务能力。加快建设一批资源品位好、具有开发条件
的新景区。开发适合大众旅游需求的度假休闲产品、乡村旅游产
品和专项旅游产品。加强旅游基础设施和公共服务设施建设，进
一步强化旅游景区生态环境保护，完善"行、游、住、食、购、
娱"等配套体系，推进区域旅游目的地系统建设。通过建立和完
善区域旅游合作机制，整合区域内各种旅游资源，集中力量推出
一批具有特色的旅游品牌。注重国内外客源市场开发力度，扩大
旅游业开放程度。

第 7 章　总结及展望

　　未来的 5～15 年是我国城市化快速发展的时期，城市的可持续发展问题是区域可持续发展的重要内容。而产业发展对一个城市的意义不仅代表着城市未来的发展方向，也给城市带来了深刻的产业逻辑结果。可以说，城市的发展根本就在于产业发展路径的选择。随着人口集聚增长，城市的不断扩张、改造，城市承载力对城市发展的约束将成为一个迫切需要解决的问题。城市的可持续发展如何同城市承载力相协调，不仅关系到城市未来自身的命运，也关系到整个可持续发展目标的实现。在新的形势和背景下，中部城市产业发展中所面临的矛盾和问题仍未解决：产业层次低，发展方式粗放。从资源角度来看，资源利用效率低，资源消耗量大；从环境角度来看，生产污染物排放强度大，环境问题突出，生态环境面临巨大的压力。这些矛盾和问题，已成为中部城市加快转变发展方式亟待解决的问题。

7.1　总结

　　本书基于城市资源、资源承载力、产业结构优化的相关理论，首先对资源平衡视角下城市资源承载力与产业结构演变之间的相互作用、影响机制、产业结构优化的影响因素以及产业结构优化模式的构建等问题进行深入分析。然后对中部城市的总体概况、资源要素以及产业建设进行分析，找出中部城市产业发展中存在的问题，并对中部城市的资源承载力和产业结构优化进行定量评价。在此基础上，进一步提出资源平衡视角下中部城市产业结构优化的对策建议，包括政策建议、产业结构层面的优化对策。本书的研究结论主要包括以下几个方面。

第一，资源的平衡和不平衡是在某一时间节点上资源承载力的一种静态状态。就资源的供给和需求结构来看，资源平衡体现为资源供给和需求在数量上的平衡；就资源在产业内部的配置来看，资源的平衡是指资源在不同产业之间配置的合理性和协调性。宏观层面上的资源平衡，就是指根据城市自身资源禀赋和环境基础，合理地确定社会经济发展水平和规模，实现既不突破城市资源承载力"阈值"，同时又能完全利用城市资源的平衡状态；微观层面上的资源平衡，则体现在产业组织内部通过掌握和控制补充自身不足的资源，在现有资源的基础上取得更多的利润。

第二，在经济的可持续发展取代传统经济增长观的情况下，产业结构优化不能只关注于经济效益，也不能单纯地为解决资源和环境问题而放弃经济效益。产业结构作为经济结构调整的重要部分，是转变经济发展方式的主攻方向，产业结构优化的目标应该符合目前经济发展的要求和产业发展趋势，应该平衡资源有效利用、资源环境保护和经济效益之间的关系，实现资源、环境和经济效益的和谐统一。

第三，经济发展规模的扩大对资源承载力的压力扩大到一定程度将会受到资源的约束，资源限制所带来的生产成本的增加通过社会需求、技术创新、贸易和企业进入等环节对产业结构产生影响。

　　第四，根据数据的科学性和可得性原则，分别选取指标构建了城市资源承载力评价和城市产业结构优化评价的指标体系，结合动态因子分析、空间分析、数据包络分析以及因子分析的方法，以中部地区 81 个城市为实证研究对象，对其城市资源承载力和产业结构优化进行了分析。结果显示，2004～2012 年，中部地区 81 个城市中除个别地区城市综合资源承载力得到改善外，大部分地区承载力水平呈下降趋势。在产业结构的相对效率上，1978～2011 年，中部地区在 1982～1988 年、1992 年、1994 年、1995 年、2009 年、2010 年这些年份为 DEA 无效，且呈规模报酬递减的趋势，中部地区产业结构的投入产出没有达到最优比例，同时，在这些年份都存在一定的冗余，投入要素对产业发展的作用未能完全发挥，资源要素没有得到充分利用。在 81 个城市之间的产业结构优化的比较分析中，结果显示，影响中部地区产业结构优化的主要因素是产业效率、产业优势、产业效益、竞争优势和科技因素这 5 个方面，并在此基础上，对 81 个城市产业结构优化程度得分进行了测算。中部地区各个城市产业结构优化的相对差异还是相当大的，不同城市的产业结构优化程度较为分散和不平衡，大部分城市产业结构优化处在中等水平以下，并具体从中部地区产业结构优化的 5 个影响因子得分进行了计算。最后以产业结构优化为自变量、城市综合资源承载力为因变量，运用双变量的空间自相关分析对两者之间的联系进行分析，得出有 40 个城市产业结构优化程度同城市综合资源承载力相关性较强，而其余城市产业结构优化程度同城市综合资源承载力有一定关联。

　　第五，提出了中部地区产业结构优化的对策建议，包括政策建议和产业结构层面的建议。政策上指出在资源平衡和经济增长一体化目标下，产业结构优化政策的制定与执行，离不开政府行为，但需要明确地界定政府和市场的界限，产业制度的安排应该针对公共产品、准公共产品的供给方面，并对政府的管理政策提出了优化建议。产业结构层面的建议包括：（1）立足于各地区资源优势和承载力现状，在环境友好思想的指导下，强化资源的集约利用，大力发展现代农业；（2）把握自身优势，优化第二产业内部结构，实现新型工业化升级；（3）建立完善现代服务体系，大力发展第三产业。

7.2 展望

资源和承载力问题的研究涉及多个学科领域，经济学只是分析和解决问题的一个视角，本书以资源平衡视角下的城市产业结构优化展开研究，虽然从理论、实证、数理等多个方面研究了资源承载力对产业结构优化的影响机制和影响效果，但研究还有待进一步深入。同时，由于研究时间及笔者学术水平的限制，本书仍存在诸多不足，本书还需要对以下问题进行进一步的研究与探讨。

第一，关于评价指标。在确定评价指标时，由于考虑到数据的可得性，有几个笔者认为适宜的指标未能使用，这影响了计算结果的精确性，如果能够得到这部分数据，那么计算结果将能更好地反映中部地区城市资源承载力和产业结构优化的状况。

第二，城市资源承载力对产业结构优化的响应关系是一个十分复杂过程，本书仅利用中部81个城市8年间城市资源承载力水平同产业结构现状之间的响应关系进行讨论，旨在揭示城市资源承载力同产业结构优化之间的关系。未来可以通过城市资源承载力中具体要素的变动进一步展开研究，以揭示资源承载力与产业结构演变趋势及响应规律。

参 考 文 献

［1］江世银．区域产业结构调整与主导产业选择研究［M］.
上海：上海人民出版社，2003.

［2］李大山．区域产业结构的理论与实证研究［M］.天津：
天津人民出版社，1998.

［3］黄寰．自主创新与区域产业结构优化升级［M］.北京：
中国经济出版社，2006.

［4］郑元同．区域产业结构演进的机理分析［J］.决策咨询
通讯，2005（06）：34－37.

［5］张平．论中国区域产业结构演进的特征［A］.全国高校
社会主义经济理论与实践研讨会领导小组．用科学发展观统领中
国经济发展——全国高校社会主义经济理论与实践研讨会第十九
次大会论文集［C］.全国高校社会主义经济理论与实践研讨会领
导小组，2005：6.

［6］徐传堪，谢地．产业经济学［M］.北京：科学出版社，
2007.

［7］侯景新，张志军．论新形势下我国区域产业结构的优化
［J］.理论研究，1998（06）：5－9.

[8] 姜爱林，包纪祥. 区域产业结构调整探讨 [J]. 延边大学学报（哲学社会科学版），1999（03）：24 - 28.

[9] 方辉振. 产业结构调整必须突破五大障碍 [J]. 理论前沿，2002（07）：28 - 30.

[10] 任旺兵. 中国区域产业结构调整的战略与对策 [J]. 经济与管理，1999（01）：38 - 42.

[11]［美］赫尔曼·戴利. 超越增长：可持续发展的经济学 [M]. 诸大建，胡圣，等译. 上海：上海译文出版社，2001.

[12] Miller R. E. , Blair P. D. Input-output Analysis：Foundations and Extensions [M]. Englewood Cliffs，1985：200 - 227.

[13] 路正南. 产业结构调整对我国能源消费影响的实证分析 [J]. 数量经济技术经济研究，1999（12）：53 - 55.

[14] 尹春华，顾培亮. 我国产业结构的调整与能源消费的灰色关联分析 [J]. 天津大学学报，2003（01）：104 - 107.

[15] 张郁，邓伟. 基于投入产出模型的吉林省水资源经济效益分析 [J]. 东北师大学报（自然科学版），2006（03）：133 - 137.

[16] 周景博. 北京市产业结构现状及其对环境的影响分析 [J]. 统计研究，1999（08）：40 - 44.

[17] 王海建. 经济结构变动对环境污染物排放的影响分析 [J]. 中国人口·资源与环境，1999（07）：30 - 33.

[18] 陈楷根，曾从盛，陈加兵. 基于资源环境考虑的产业结构选择基准的探讨 [J]. 人文地理，2003（06）：69 - 73.

[19] 赵雪雁，周健，王录仓. 黑河流域产业结构与生态环境耦合关系辨识 [J]. 中国人口·资源与环境，2005（04）.

[20] 赵海霞，曲福田，诸培新. 环境污染影响因素的经济计量分析——以江苏省为例 [J]. 环境保护，2006（02）：57 - 61.

[21] 刘文新，张平宇，马延吉．资源型城市产业结构演变的环境效应研究［J］．干旱区资源与环境，2007（02）：17－21.

[22] 王辅信，张立存，胡国强，等．中国各地区投入产出分析与产业结构变化研究［J］．数量经济技术经济研究，1998（09）：43－46.

[23] 朱德明．产业结构失衡对可持续发展的影响与环境政策选择［J］．环境科学动态，1998（02）：5－9.

[24] 裴建峰，葛新权．中国可持续发展产业结构模型研究［J］．北京机械工业学院学报，1998（09）：42－46.

[25] 姜照华，刘泽渊．可持续发展产业结构优化模型及其求解方法［J］．大连理工大学学报，1999（05）：710－713.

[26] 刘惠．广东可持续发展与产业结构研究［D］．暨南大学，2001.

[27] 潘文卿．一个基于可持续发展的产业结构优化模型［J］．系统工程理论与实践，2002（07）：23－29.

[28] 马小明，张立勋，戴大军．一个基于可持续发展的产业结构优化模型［J］．系统工程理论与实践，2002（07）：23－29.

[29] 王德发，沉大成，王海霞．上海市工业部门能源—环境—经济投入产出核算研究［J］．财经研究，2005（02）：66－74.

[30] 王维军．基于可持续发展的河北省产业结构调整战略研究［D］．河北华北电力大学，2005.

[31] 叶茂林，林峰，葛新权．可持续发展与产业结构调整［M］．北京：社会科学文献出版社，2006.

[32] 方湖柳．结构自组织能力：产业结构合理化的本质标准［J］．经济论坛，2003（10）：22－23.

［33］王丽娟，陈兴鹏．产业结构对城市生态环境影响的实证研究［J］．甘肃省经济管理干部学院学报，2003（04）：22－24.

［34］王均奇，施国庆．产业结构调整必须贯彻循环经济理念［J］．商场现代化，2006（24）：231.

［35］张晓东，池天河．基于区域资源环境容量的产业结构分析——以北京怀柔县为例［J］．地理科学进展．2000（04）.

［36］吴丹，吴凤平．基于水资源环境综合承载力的区域产业结构优化研究［J］．统计与决策，2009（22）：100－102.

［37］彭补拙，濮励杰，等．资源学导论［M］．南京：东南大学出版社，2007.

［38］吴季松，吕国平．论可持续发展的资源辩证系统观［J］．中国人口．资源与环境，1997（01）：12－17.

［39］冯云廷．城市聚集经济［M］．大连：东北财经大学出版社，2001.

［40］谢文慧，邓卫．城市经济学［M］．北京：清华大学出版社，1996.

［41］牛文元．持续发展导论［M］．北京：科学出版社：1994.

［42］Barrett G. W. , Odum E. P. The twenty-first century：the world at carrying capacity［J］. BioScience. 2000，50（4）：363－368.

［43］金磊．城市安全发展必须研究并确定城市安全容量［N］．中国建设报，2007－08－03（007）.

［44］韩俊丽，段文阁．城市水资源承载力基本理论研究［J］．中国水利，2004（07）：12－14.

［45］罗亚蒙．城市功能：城市竞争力与城市兴衰［J］．魅

力中国，2006.

[46] 陈丙欣，叶裕民. 京津冀都市区空间演化轨迹及影响因素分析 [J]. 城市发展研究，2008.

[47] 吕光明，何强. 承载能力理论与测度方法研究 [M]. 北京：中国人民大学出版社，2011.

[48] 刘钦普，林振山，冯年华. 土地资源人口承载力动力学模拟和应用 [J]. 南京师大学报（自然科学版），2005（04）：114-118.

[49] 王庆琨，刘喜广. 土地利用变化对区域环境承载力的影响——以山东省垦利县为例 [J]. 安徽农业科学，2006（24）：6595-6596.

[50] 高小羊，葛幼松. 基于生态敏感性的土地资源承载力研究——以泉州市为例 [J]. 新疆环境保护，2007，29（02）：0-5.

[51] 熊利亚，等. 基于 RS 和 GIS 的土地生产力与人口承载量 [J]. 地理研究，2004（01）：10-18.

[52] 张晓平. 20 世纪 90 年代以来中国能源消费的时空格局及其影响因素 [J]. 中国人口. 资源与环境，2005（02）：38-41.

[53] 耿海清，邓勇. 我国城市化进程中的能源——环境问题初探 [J]. 北方经济，2007（17）：21-23.

[54] 惠泱河，蒋晓辉，黄强，薛小杰. 水资源承载力评价指标体系研究 [J]. 水土保持通报，2001（01）：30-34.

[55] 中国科学技术协会主编. 中国城市承载力及其危机管理研究报告 [M]. 北京：中国科学技术出版社，2007（10）：4-5.

[56] 李振福. 城市交通系统的人口承载力研究 [J]. 北京交通大学学报（社会科学版），2004（04）：76-80.

[57] 王炜，陈学武. 城市交通可持续发展战略研究 [J].

现代城市研究, 2004 (02): 23 - 25.

[58] 李东序, 赵富强. 城市综合承载力结构模型与耦合机制研究 [J]. 城市发展研究, 2008 (06): 37 - 42.

[59] 李京文. 浅谈我国产业结构的现状与发展趋势 [J]. 经济改革与发展, 1995 (09): 18 - 23.

[60] [英]配第. 政治算术 [M]. 北京: 商务印书馆, 1928.

[61] Colin clark. The Conditions of Economic Progress [M]. Macmillan, 3rded., 1957.

[62] 西蒙·库兹涅茨. 各国的经济增长 [M]. 北京: 商务印书馆, 1985.

[63] [美] 钱纳里, 等. 发展的型式: 1950—1970 [M]. 李新华, 等译. 北京: 经济科学出版社, 1988.

[64] Hoffmann W. G. The growth of industrial economies [M]. Manchester: Manchester University Press, 1958.

[65] 周振华. 现代经济增长中的结构效应 [M]. 上海三联书店; 上海人民出版社, 1995.

[66] 杨盛, 陈志辉. 论产业结构合理化与高度化 [J]. 经贸世界, 1997 (03): 17 - 19.

[67] 刘春山, 赵英才. 产业结构动态优化过程探析 [J]. 工业技术经济, 2003 (02): 71 - 72.

[68] 李京文, 郑友敬. 技术进步与产业结构选择 [M]. 北京: 经济科学出版社, 1989.

[69] 周振华. 产业结构优化论 [M]. 上海: 上海人民出版社, 1992.

[70] 苏东水, 等. 产业经济学 [M]. 北京: 高等教育出版社, 2000.

［71］史忠良等. 产业经济学［M］. 北京：经济管理出版社，1998.

［72］郝寿义，安虎森. 区域经济学［M］. 北京：经济科学出版社，1999.

［73］魏农建. 我国产业结构高度化的判析［J］. 上海经济研究，2000（03）：38－43.

［74］丁逸宁. 对产业结构高度化和协调化的思考——基于中国宏观经济数据的统计分析［J］. 中南财经政法大学研究生学报，2007（03）：50－55.

［75］张太海，赵江彬. 承载力概念的演变分析［J］. 经济研究导刊，2012（14）：11－14.

［76］Penrose E. The Theory of the Growth of the Firm［M］. New York：Wiley，1959.

［77］Prahalad C. K. Hamel G. Thecore competence of the corporation［J］. Harvard Business Review，1990，5（06）：89－98.

［78］董保宝，葛宝山，王侃. 资源整合过程、动态能力与竞争优势：机理与路径［J］. 管理世界，2011（03）：92－101.

［79］蔡宁，郭斌. 从环境资源稀缺性到可持续发展：西方环境经济理论的发展变迁［J］. 经济科学，1996（06）：59－66.

［80］王关区. 产业结构调整与生态环境治理相结合的思考［J］. 内蒙古社会科学（汉文版），2004（03）：125－129.

［81］Sachs Jeffrey D. Warne Andrew M. Natural Resource Abundanceand Economic Growth. NBER working paper，No. 5398，1995.

［82］林毅夫. 后发优势与后发劣势——与杨小凯教授商榷［A］. 经济学（季刊）第2卷第4期（总第8期）［C］. 2003：16.

［83］麦迪森. 世界经济二百年回顾［M］. 北京：改革出版，

1997.

［84］罗斯托．经济的成长阶段——非共产党宣言［M］．北京：商务印书馆，1962.

［85］W. A. Lewis. Economic Development of the Labor Surplus Economy. Manchester School of Economics and Social Studies. 1954.

［86］林白鹏．消费经济学大辞典［M］．北京：经济科学出版社，2000.

［87］尹世杰．消费需求与经济增长［J］．消费经济，2004（05）：3 - 7.

［88］谭黎阳．论科技进步对产业结构变迁的作用［J］．产业经济研究，2002（01）：52 - 58.

［89］周叔莲，王伟光．科技创新与产业结构优化升级［J］．管理世界，2001（05）：70 - 78，89 - 216.

［90］齐文虎．资源承载力计算的系统动力学模型［J］．自然资源学报，1987（01）：38 - 48.

［91］曾维华，王华东，薛纪渝，叶文虎，关伯仁．环境承载力理论及其在湄洲湾污染控制规划中的应用［J］．中国环境科学，1998，S1：71 - 74.

［92］薛小杰，黄强，惠泱河，蒋晓辉．区域水资源可持续利用与经济发展协调研究［A］．中国系统工程学会. Systems Engineering, Systems Science and Complexity Research—Proceeding of 11th Annual Conference of Systems Engineering Society of China［C］.中国系统工程学会，2000：7.

［93］毛汉英，余丹林．区域承载力定量研究方法探讨［J］．地球科学进展，2001（04）：549 - 555.

［94］潘东旭，冯本超．徐州市区域承载力实证研究［J］．中国矿业大学学报，2003（05）：130 - 134.

203

参考文献

［95］李岩．资源与环境综合承载力的实证研究［J］．产业
与科技论坛，2010（05）：89 - 91.

［96］范秋芳，王珊珊．黄河三角洲高效生态经济区城市群
城市综合承载力评价研究［J］．河南科学，2013（01）：113 -
117.

［97］郭鸿懋．论确定社会主义产业结构的几个主要因素
［J］．天津社会科学，1984（02）：8 - 13.

［98］贺菊煌．产业结构变动的因素分析［J］．数量经济技
术经济研究，1991（10）：29 - 35，60.

［99］王燕飞，曾国平．FDI、就业结构及产业结构变迁
［J］．世界经济研究，2006（07）：51 - 57.

［100］高俊光，于渤，杨武．产业技术创新对深圳产业结构
升级的影响［J］．哈尔滨工业大学学报（社会科学版），2007
（04）：125 - 128.

［101］张文，孙林岩，何哲．中国产业结构演变的影响因素
分析［J］．科技管理研究，2009（06）：373 - 375.

［102］石磊．中国产业结构成因与转化［M］．上海：上海复
旦大学出版社，1996.

［103］Pasinetti, L. L. Structural change and economic growth：
A theoretical essay on the dynamics of the wealth of nations［J］．Jour-
nal of Econometrics，1982，20（4）：1564 - 1566.

［104］［美］道格拉斯·C. 诺思．经济史中的结构与变迁
［M］．陈郁，罗华平，译．上海：上海人民出版社，1991.

［105］李培林．中国社会结构转型对资源配置方式的影响
［J］．中国社会科学，1995（01）：70 - 82.

［106］杨公仆，夏大慰．产业经济学教程［M］．上海：上海
财经大学出版社，2002.

［107］苏东水．产业经济学［M］．北京：高等教育出版社，2006.

［108］Kuznets S. Modern Economic Growth：Rate，Structure and Speed［M］．New Haven and London：Yale University Press，1966.

［109］陈荣达，楼远．基于灰色关联度的温州产业结构合理化评估［J］．财经论丛（浙江财经学院学报），2006（02）：35 - 38.

［110］原毅军．经济增长周期与产业结构变动研究［J］．中国工业经济研究，1991（06）：34 - 41.

［111］王文森．产业结构相似系数在统计分析中的应用［J］．中国统计，2007（10）：47 - 48.

［112］姜照华，刘则渊．科技进步、可持续发展与生态城市的产业结构调整模型［J］．科学学与科学技术管理，2001（04）：58 - 60.

［113］韩民青．全球新工业化议程［J］．山东社会科学，2008（02）：37 - 46.

［114］宋鸿，陈晓玲．中国土地市场化进程的空间自相关分析［J］．华中师范大学学报（自然科学版），2008（01）：132 - 135，140.

［115］杨斌．基于地统计学的土地利用空间数据挖掘方法研究［D］．中国地质大学（北京），2009.

［116］刘吉平，吕宪国，崔炜炜．别拉洪河流域湿地变化的多尺度空间自相关分析［J］．水科学进展，2010（03）：392 - 398.

［117］赵小风，黄贤金，张兴榆，等．区域 COD、SO_2 及 TSP 排放的空间自相关分析：以江苏省为例［J］．环境科学，

2009（06）：1580－1587.

［118］李秀玲，陈健，王刚．西北地区红砂种群 ISSR 遗传变异的空间自相关分析［J］.中国沙漠，2008（03）：468－472.

［119］中共中央国务院．关于促进中部地区崛起的若干意见［Z］.2006.

［120］梁彦．日本产业结构调整的做法和启示［J］.宏观经济管理，2007（01）：71－74.

［121］瓦西里·列昂惕夫．美国经济制度中投入产出的数量关系［J］.经济与统计评论，1936（08）.

［122］瓦西里·列昂惕夫.1919－1939 年美国经济结构［M］.王炎痒，邹艺湘等译.上海：商务印书馆，1993.

［123］W. W. Leontief, et al. , Studies in the Structure of the American Economy ［M］. University Press. Fair. Lawn N. J, 1953.

［124］艾伯特·赫希曼．经济发展战略［M］.曹征海，潘照东译.经济科学出版社，1991.

［125］W. W. 罗斯托．经济成长的阶段［M］.商务印书馆，1963.

［126］［日］筱原三代平，马场正雄．现代产业论［M］.东京：日本经济新闻社，1964.

［127］Simon Kuznets. Modern Economic Growth：Rate，Structure and Spread ［M］. New Haven and London，Yale University Press，1966.

［128］霍利斯·钱纳里等．发展的型式 1950－1970［M］.李新华，徐公理，迟建平译.北京：经济科学出版社，1988.

［129］邓伟根．产业经济：结构与组织［M］.广州：暨南大学出版社，1990.

［130］经济企画厅综合计划局．走向 21 世纪的基本战略

[M]. 北京：中国计划出版社，1988.

[131] 马洪，孙尚清. 中国经济结构问题研究 [M]. 北京：人民出版社，1982.

[132] Arrow K., Bolin B., Costanza R., et al. Economics growth, carrying capacity, and the environment [J]. Science, 1995 (268)：520 - 521.

[133] Daily G. C., Ehrlich P. R. Population, sustainability, and Earth's carrying capacity：A framework for estimating population sizes and lifestyles that could be sustained without undermining future generations [J]. BioScience, 1992, 42 (10)：761 - 771.

[134] Cohen J E. Population, economics, environmental and culture：an introduction to human carrying capacity [J]. Journal of Applied Ecology, 1997 (34)：1325 - 1333.

[135] 孙尚清，马建堂. 中国产业结构研究 [M]. 山西：山西经济出版社，1988.

[136] 吴仁洪. 中国产业结构动态分析 [M]. 浙江：浙江人民出版社，1990.

[137] 刘伟. 经济发展与结构转换 [M]. 北京：北京大学出版社，1992.

[138] 方甲. 产业结构问题研究 [M]. 北京：中国人民大学出版社，1995.

[139] 刘伟，李绍荣. 产业结构与经济增长 [J]. 中国工业经济，2002 (05)：14 - 21.

[140] Murphy, K. M., Shleifer, A. & Vishny. R. Industrialization and the big push, NBER working paper, No. 2708.

[141] 陈锡康，邵汉青，李立副. 当代中国投入产出理论与实践 [M]. 北京：中国国际广播出版社，1998.

［142］李强，刘起运．当代中国投入产出实证与探新［M］.北京：中国统计出版社，1995.

［143］徐宪春，刘起运．中国投入产出理论与实践［M］.北京：中国统计出版社，2002.

［144］彭志龙，刘起运，佟仁城．中国投入产出理论与实践2007［M］.北京：中国统计出版社，2009.

［145］林白鹏，张圣平，藏旭恒，张东辉，等．中国消费结构与产业结构关联研究［M］.北京：中国财政经济出版社，1993.

［146］Hardin G. Cultural Capacity：A Biological Approach to Human Problems［J］. Bioscience，1986，36（09）：599 – 604.

［147］李善同，钟思斌．我国产业关联和产业结构变化的特点分析［J］.管理世界，1998（03）：61 – 68.

［148］施发启．中国产业结构的协调性分析［J］.统计研究，1998（02）：19 – 25.

［149］胡春力．当代中国产业结构的调整与经济持续增长的关系［J］.教学与研究，1998（03）：13 – 19，63.

［150］王岳平，葛岳静．我国产业结构的投入产出关联特征分析［J］.管理世界，2007（02）：61 – 68.

［151］郭克莎．中国：改革中的经济增长与结构变动［M］.上海：上海三联书店，1993.

［152］李冠霖．第三产业投入产出分析［M］.北京：中国物价出版社，2002.

［153］杨治．产业经济学导论［M］.北京：中国人民大学出版社，1985.

［154］Daily G. C.，Ehrlich P. R. Soci-economic equity，sustainability and earth's carrying capacity［J］. Ecological Applications，

1996，6（04）：991－1001.

［155］朱明春．产业机构·机制·政策［M］．北京：中国人民大学出版社，1990.

［156］何诚颖．中国产业结构理论和政策研究［M］．北京：中国财政经济出版社，1997.

［157］宋海林．中国产业结构协调分析［M］．北京：中国财政经济出版社，1997.

［158］龚仰军，应勤俭．产业结构与产业政策［M］．上海：立信会计出版社，1999.

［159］王岳平．中国工业结构调整与升级：理论、实证和政策［M］．北京：中国计划出版社，2001.

［160］刘伟．工业化进程中的产业结构研究［M］．北京：中国人民大学出版社，1995.

［161］林毅夫，蔡昉，李周．中国的奇迹：发展战略与经济改革［M］．上海：上海人民出版；上海：上海三联书店，1994.

［162］郭克莎．工业化新时期新兴主导产业的选择［J］．北京：中国工业经济，2003（02）：5－14.

［163］Jitendra G.，Borpujari. Structural Change，Economic Interdependence and World Development，Vol. 3：Structural Change and Adjustment in the World Economy，proceedings of the seventh world congress of International Economic Association，Edited by Luigi Pasinettiand Peter Lioyd，St. Martin's Press，1987.

［164］卡莱茨基．社会主义经济增长理论导论［M］．上海：上海三联书店，1988.

［165］司春林，郁义鸿．上海经济增长与产业结构变动的需求因素分析［J］．数量经济技术经济研究，1991（10）：9－16.

［166］彭志龙，齐舒畅．国民经济乘数分析［J］．统计研

究, 1998 (05): 50 -54.

[167] 皮建才. 中国地方政府间竞争下的区域市场整合 [J]. 经济研究, 2008 (03): 115 -124.

[168] Miller R. E. , Blair P. D. Input-output Analysis: Foundations and Extensions [J]. Englewood Cliffs, 1985: 200 -227.

[169] David Dixon, Huw. A mixed industrial structure magnifies the importance Of Menu costs [J]. European Economic Review, 1999 (43): 08.

[170] Baumol, William J. Macroeconomics of Unbalanced Growth: The Anatomy of Urban Crisis [J]. The American Economic Review, 1967.

[171] Aying Liu, Shujie Yao, Zongyi Zhang. Economic Growth and Structural Changes in Employment and Investments in China, 1985 -1994 [J]. Economics of Planning, 1999 (03): 171 -190.

[172] Sen, Amit. Two further aspects of some new tests for structural stability. Structural Change and Economic Dynamics, 1999.

[173] Park, R. F. & Burgess. E. W. An Introduction to the Science of Sociology [M]. Chicogo, 1921.

[174] 牛文元. 持续发展导论 [M]. 北京: 科学出版社: 1994: 1 -6.

[175] Hardin G. Cultural Carrying Capacity: A Biological Approach to Human Problems [J]. Bio Science, 1986, 36 (09): 599 -606.

[176] 张林波, 李文华, 刘孝富, 王维. 承载力理论的起源、发展与展望 [J]. 生态学报, 2009 (02): 878 -888.